캔바 찐 프로 강사 안쌤이 알려 주는

교실에서 바로 쓰는
캔바·캔바 AI로 수업디자인하기

Canva

**캔바 핵심 기능 익히기 / 다양한 캔바 활용법
바로 적용할 수 있는 수업 활용 사례**

- **쉬운 설명**
  왕초보 선생님도 따라할 수 있는 56가지 주제별 실습!
- **수업 활용**
  바로 활용할 수 있는 캔바 기능별 수업 사례
- **안쌤 꿀팁**
  안쌤의 수년간 수업 활용 속 노하우를 모두 다 담았다!
- **최신 내용**
  캔바 AI 최신 기능 사용법 및 수업 활용 사례 반영

교실에서 바로 쓰는
캔바·캔바 AI로
수업디자인하기

캔바 핵심 기능 익히기 / 다양한 캔바 활용법
바로 적용할 수 있는 수업 활용 사례

초판 1쇄 인쇄 | 2025년 7월 30일
초판 2쇄 인쇄 | 2025년 12월 30일

지 은 이 | 안익재
발 행 인 | 김병성
발 행 처 | 앤써북
편 집 책 임 | 조주연
주   소 | 경기도 파주시 탄현면 방촌로 548번지
전   화 | (070)8877-4177
팩   스 | (031)942-9852
등   록 | 제382-2012-0007호
도 서 문 의 | answerbook@naver.com

I S B N | 979-11-93059-58-6 13370

이 책은 저작권법에 따라 보호받는 저작물이므로 무단 전재와 무단 복제를 금하며,
이 책 내용의 전부 또는 일부를 사용하려면 반드시 저작권자와 앤써북 발행인의
서면동의를 받아야 합니다.

※ 책값은 뒤표지에 있습니다.
※ 잘못된 책은 구입한 서점에서 바꿔 드립니다.

시작하는 글

"교실은 더 이상 칠판과 분필만으로 채워지지 않습니다." 디지털 도구들이 빠르게 변화하는 교육 환경 속에서, 교사로서 우리는 언제나 두 가지 질문 앞에 서게 됩니다. "어떻게 하면 더 효과적으로 가르칠 수 있을까?" 그리고 "학생들이 더 몰입하고 주도적으로 참여할 수 있는 수업은 무엇일까?"

이 책은 그런 고민 끝에, 제가 직접 수업 속에서 부딪히며 발견한 하나의 답변입니다.

캔바는 복잡한 디자인 기술이 없어도 누구나 쉽게 시각적인 콘텐츠를 만들 수 있는 플랫폼입니다. 단순한 포스터나 프레젠테이션을 넘어서, 학생들의 상상력을 끌어내고, 협업을 가능하게 하며, 디지털 리터러시와 창의적 표현 능력을 키우는 훌륭한 수업 동반자입니다.

이 책에서는 단지 '캔바 사용법'만을 소개하지 않습니다. 교실 속에서 실제로 캔바가 어떻게 활용되는지, 학생들은 어떻게 반응했는지, 그리고 캔바를 활용한 수업이 어떻게 확장되었는지를 담고자 했습니다.

아이들이 직접 만든 명함 속 미래를 이야기하고, 간단한 그림 하나로 AI 이미지가 생성되는 경험을 하며, 수업 결과물이 전시가 되고 상품처럼 재탄생하는 과정을 통해, 학습은 더 이상 지식 전달에 머물지 않게 됩니다. 무엇보다도 이 책은 빠르게 변화하는 캔바의 업데이트 속도와 기능 확장에 발맞추어, 가장 최신 기능과 실전 적용 사례를 담고자 했습니다. 단순한 기능 나열이 아니라, 수업 준비부터 학생 초대, 공동 작업, 과제 수합과 정리, 그리고 결과물 공유에 이르기까지, 교실 안에서 실제 교사가 마주하는 모든 상황을 중심으로 구성했습니다.

제가 직접 수업 중 겪었던 크고 작은 시행착오, 아이들의 반응, 실용적으로 적용했던 팁들을 솔직하게 담아내어, 현장감 있는 해결책과 구체적인 활용법을 함께 제시하고자 했습니다. 또한, 이 책은 기능별, 주제별로 명확하게 정리된 목차 구조를 가지고 있어, 선생님들께서 원하는 기능을 바로 찾아볼 수 있도록 실용성을 높였습니다. 수업 중 급히 참고할 때도, 연수를 준비할 때도, 또는 처음 캔바를 접하셨을 때도 이 책이 친절한 가이드가 되어드릴 수 있기를 바랍니다.

책을 펼치는 순간, 선생님들의 수업에도 변화의 마법이 시작될 수 있기를 바랍니다. 캔바와 함께라면 이제 누구나, 수업을 쉽게 디자인 할 수 있습니다.

이 책이 캔바를 활용한 수업 혁신의 첫걸음이 되길 바라며, 학생들에게 더 나은 배움의 기회를 제공할 수 있기를 진심으로 응원합니다.

2025년 7월
안익재

독자지원센터

[책 소스 다운로드 / 정오표 / Q&A / 긴급 공지]

이 책의 실습에 필요한 책 소스 파일 다운로드, 정오표, Q&A 방법, 긴급 공지 사항 같은 안내 사항은 앤써북 공식 카페의 [종합 자료실]에서 [도서별 전용 게시판]을 이용하시면 됩니다. 앤써북 네이버 카페에서 [종합 자료실] 아이콘(❶)을 클릭한 후 종합자료실 게시글에 설명된 표에서 224번 목록 우측 도서별 전용 게시판 링크 주소(❷)를 클릭하거나 아래 QR 코드로 바로가기 합니다. 도서 전용 게시판에서 설명하는 절차로 책소스 파일 다운로드, 정오표, Q&A 방법 등을 안내 받을 수 있습니다.

▶ 앤써북 공식 네이버 카페 종합자료실
https://cafe.naver.com/answerbook/5858

▶ 도서 전용게시판 바로가기
https://m.site.naver.com/1Lj7N

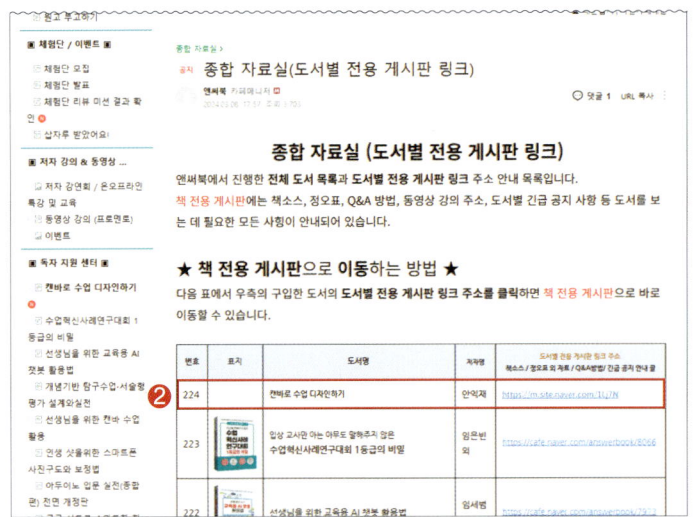

독자지원센터

[앤써북 공식 체험단]

앤써북에서 출간되는 도서와 키트 등 신간 책을 비롯하여 연관 상품을 체험해 볼 수 있습니다. 체험단은 수시로 모집하기 때문에 앤써북 카페 공식 체험단 게시판에 접속한 후 [즐겨찾기] 버튼(❶)을 누른 후 [채널 구독하기] 버튼(❷)을 눌러 즐겨찾기 설정해 놓거나, ❸[새글 구독]을 우측으로 드래그하여 ON으로 설정해 놓으면 새로운 체험단 모집 글을 메일로 자동 받아보실 수 있습니다.

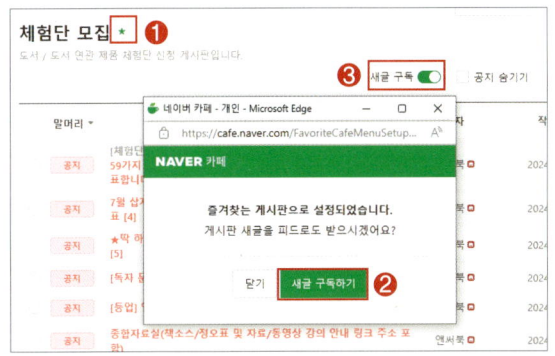

➡ 앤써북 카페 공식 체험단 게시판

https://cafe.naver.com/answerbook/menu/150

▲ 체험단 바로가기 QR코드

[저자 강의 안내]

앤써북에서 출간된 책 관련 주제의 온·오프라인 강의는 특강, 유료 강의 형태로 진행됩니다. 강의 관련해서는 아래 게시판을 통해서 확인해주세요. "앤써북 저자 강의 안내 게시판"을 통해서 앤써북 저자들이 진행하는 다양한 온·오프라인 강의를 확인할 수 있습니다.

➡ 앤써북 강의 안내 게시판

https://cafe.naver.com/answerbook/menu/144

▲ 저자 강의 안내 게시판 바로가기 QR코드

Contents

1장 디자인 에듀테크 도구 캔바(Canva), 시작해 볼까요?

1-1 수업에 바로 쓰는 디자인 도구, 캔바 시작하기 · 12
  교실에서 캔바를 사용해야 하는 7가지 이유 · 14
  캔바 시작하기 · 18

1-2 교육자 인증은 필수! 캔바 무료로 시작하기 · 20

1-3 캔바 디자인, 시작해볼까요? · 24
  캔바 템플릿 검색하기 · 24
  안쌤의 미니특강 _ 안쌤이 추천하는 10가지 캔바 템플릿 · 27

1-4 초보도 쉽게 배우는 캔바 편집 화면 완전 정복 · 33
  캔바 편집 화면 둘러보기 · 34
  디자인 기능 알아보기 · 35
  요소 기능 알아보기 · 38
  텍스트 기능 알아보기 · 44
  업로드 항목 알아보기 · 50
  앱 연동 방법 알아보기 · 52

2장  캔바 기능을 활용한 학생 참여형 수업 만들기

2-1 학급으로 학생 초대하기 · 58
  QR코드로 초대하기 · 58
  링크로 초대하기 · 61

2-2 수업 목적에 맞는 링크 활용법 알아보기 · 63
  공유 링크로 협업 중심 수업 구성하기 · 63
  템플릿 링크로 개별 과제 수업 설계하기 · 66

Contents

2-3 학생 과제 수합 3가지 방법 • 70
가장 간단한 방법: '교사에게 보내기' 기능으로 개별 제출 받기 • 70
과제 중심의 수합: '배정' 기능으로 지정된 활동을 개별 제출받기 • 73
모둠·자유 활동 정리: '프로젝트 폴더'로 다양한 결과물 한 번에 정리하기 • 80

2-4 집중도 200%! 즐거운 프레젠테이션 수업 만들기 • 85
타이머 기능으로 발표 집중도 높이기 • 85
수업을 도와주는 '매직 단축키' • 87
캔바 라이브로 교실 소통 ON! • 88

3장 손끝으로 부리는 마법, 캔바 AI의 세계

3-1 GPT가 캔바에? Magic Write로 글쓰기 시작! • 94
안쌤의 미니특강 _ 학생 계정에서 AI기능을 사용하게 하려면? • 98

3-2 사진 편집은 이제 AI에게 맡겨요. 이미지 편집의 6가지 마법사 • 99
클릭 한 번으로! '배경 제거' • 99
밋밋한 사진에 배경 추가하기 '배경 생성' • 101
대상만 쏙! 'Magic Grab' • 104
사진 속 글씨만 뽑아내기 '텍스트 추출' • 106
원하는 이미지로 바꾸기 'Magic Edit' • 107
사진 밖까지 상상력 확장하기 'Magic Expand' • 109

3-3 문장을 적으면 이미지를 그려주는 'Magic Media' • 112
안쌤의 미니특강 _ Magic media 이렇게 활용했어요. • 116

3-4 인공지능이 대신 말해줘요 'AI-Voice' • 117

3-5 Canva AI와 만난 이미지 생성 • 119

3-6 Canva AI와 만난 문서 초안 작성 • 122

3-7 프롬프트로 나만의 수업 활용 웹사이트 만들기 '캔바 코드' • 125
초등 영어 단어 퀴즈 웹사이트 만들기 • 126
캔바 코드로 수업 활용 6가지 웹사이트 만들기 • 131

Contents

4장 수업에 가능성을 넓히는 다양한 캔바 앱 활용하기

- 4-1 캔바로 youtube 영상 활용하기 'youtube' • 136
- 4-2 쉽고 빠른 QR코드 제작 'QR code' • 138
- 4-3 내가 커스텀하는 재밌는 디자인 'Mockups' • 140
- 4-4 내가 만드는 그래프 '차트' • 144
- 4-5 나만의 캐릭터 만들기 'Character Builder' • 147
- 4-6 프레임 마음대로 디자인하기 'Frame Maker' • 149
- 4-7 스케치를 이미지로 표현해주는 'Sketch to Life' • 152
- 4-8 사진을 만화로 바꿔주는 'Animeify' • 154
- 4-9 GIF(움짤)을 활용하고 싶다면 'GIPHY' • 156
- 4-10 상품 이미지도 AI가 척척 'Product Photos' • 158
- 4-11 AI 딥페이크 영상 만들기 'D-ID' • 161

5장 캔바로 이런 수업 어때요?

- 5-1 미래의 나의 꿈 명함 만들기 ▶ 템플릿: 명함 • 166
- 5-2 나만의 막대 그래프 보고서 만들기 ▶ 템플릿: 그래프 • 169
- 5-3 인공지능과 협업하여 시화 만들기 ▶ 템플릿: 프레젠테이션 • 173
- 5-4 차별을 해결하는 포스터 전시회 ▶ 템플릿: 포스터 • 177
- 5-5 다른 나라 소개 자료 만들기 ▶ 템플릿: 콜라주 • 180

Contents

5-6 우리반 로고 만들기 ▶ 템플릿: 스티커 또는 로고 · **184**

5-7 4컷 만화 만들기 ▶ 템플릿: 컷툰 · **188**

5-8 화이트보드로 브레인스토밍하기 ▶ 템플릿: 화이트 보드 · **191**

5-9 과자 봉지를 따라 그려볼까요? · **196**

5-10 학급 행사 티켓 만들기 ▶ 템플릿: 티켓 · **200**

 ## 캔바, 그 이상의 캔바

6-1 ChatGPT로 내가 원하는 캔바 디자인 찾기 · **206**

6-2 GPT를 활용한 문서 대량생산하기 (영어 단어 카드 영상 제작) · **211**

6-3 Suno AI와 만난 캔바(독립운동가를 위한 뮤직비디오) · **219**

6-4 Heyzine Flipbooks 앱으로 우리 반 학급문집 eBook 제작하기 · **225**

6-5 스프레드시트에 인공지능과 디자인을 더하다 '캔바 시트' · **231**

    캔바 시트 기초 기능 익히기 · **233**

    자동으로 데이터 입력하기 '표 생성' · **243**

    내가 원하는 데이터를 자동으로 채워주는 '빈 셀 채우기' · **245**

    쉽고 빠르게 데이터를 차트로 바꿔주는 'Magic Charts' · **247**

    내 데이터를 클릭 한 번으로 요약해주는 'Magic Insights' · **249**

    복잡한 수식 이제 그만! 설명으로 쉽게 수식을 생성하는 'Magic Fomulas' · **250**

1장

디자인 에듀테크 도구 캔바(Canva), 시작해 볼까요?

교실 속 필수 에듀테크 넘버원, 캔바! 혹시 사용해보셨나요? 복잡한 프로그램 없이도, 누구나 손쉽게 디자인할 수 있는 도구이며 수업 슬라이드, 활동지, 학생 포스터는 물론이고 개인 SNS 콘텐츠나 유튜브 썸네일까지도 캔바 하나로 완성할 수 있습니다. 이 장에서는 캔바가 무엇이고 왜 사용해야 하는지 알아보며, 캔바 회원가입부터 교육자 인증, 더불어 간단한 디자인 기능을 알아보도록 하겠습니다. 지금부터 캔바의 매력을 함께 알아볼까요?

1-1 수업에 바로 쓰는 디자인 도구, 캔바 시작하기

캔바(Canva)는 누구나 쉽게 디자인할 수 있도록 도와주는 웹 기반 디자인 플랫폼입니다. PPT, 명함, 포스터, 초대장, 동영상 제작 등에 필요한 수만 개의 템플릿과 사진, 이미지 등을 누구나 전문적인 지식 없이 쉽게 디자인할 수 있습니다. 사용 방법이 쉽고 간단하여 학생들도 쉽게 기능을 익히고 사용 가능하여, 수업에 활용도가 높고 다양한 결과물을 생성할 수 있습니다.

캔바를 활용한 수업 사례를 살펴볼까요?

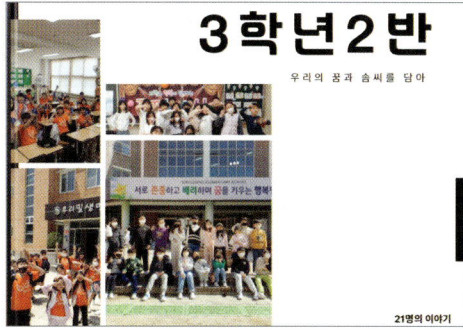
▲ 학급문집 제작하기 사례

▲ '독립운동가를 위한 노래' 뮤직비디오 제작 사례

▲ 차별과 편견을 예방하는 포스터 만들기 사례

▲ 시화 꾸미기 사례

▲ 컷툰 그리기 사례

▲ 동아리 로고 만들기 사례

▲ 나의 꿈을 담은 명함만들기 사례

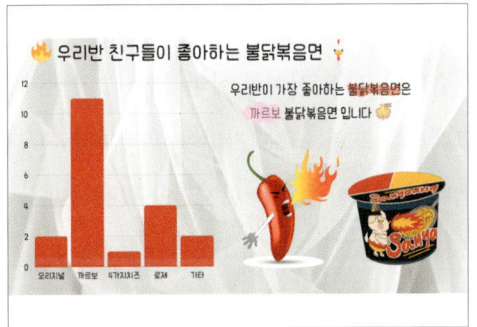
▲ 나만의 막대그래프 표현하기 사례

▲ 수업에 활용할 학습지 제작 사례(1)

▲ 수업에 활용할 학습지 제작 사례(1)

교실에서 캔바를 사용해야 하는 7가지 이유

수업에서 캔바를 꼭 사용해야 하는 이유, 궁금하지 않으신가요?
지금부터 그 핵심 이유 일곱 가지를 함께 살펴보겠습니다.

1. 학생들이 어려워하는 디자인을 쉽게 구현해 준다

학생들이 직접 생각한 아이디어를 시각적으로 표현하는 것은 쉽지 않은 일입니다.

하지만 캔바를 활용하면, 복잡한 디자인 기술 없이도 간단하게 원하는 결과물을 만들 수 있습니다. 다음 사례를 살펴볼까요? 자신이 조사한 내용을 바탕으로 캔바를 활용하여 막대그래프를 표현하고 디자인을 추가하였습니다. 기존의 막대그래프보다 훨씬 시각적으로 뛰어나며 학생이 원하는 디자인을 활용하여 눈에 띄도록 표현하였습니다.

▲ 막대그래프 수업 사례

2. 캔바는 학생들을 수업에 적극적으로 참여하게 한다

캔바의 직관적인 인터페이스와 다양한 템플릿은 학생들의 흥미를 끌고, 자연스럽게 과제나 활동에 몰입하게 도와줍니다. 자신이 상상했던 내용이 쉽게 구현되는 과정에서 학생들은 할 수 있다는 자신감을 가지게 되며, 디자인에 그치는 것이 아닌 작품을 소개하고 발표하는 과정에서 수업에 적극적으로 참여하게 됩니다.

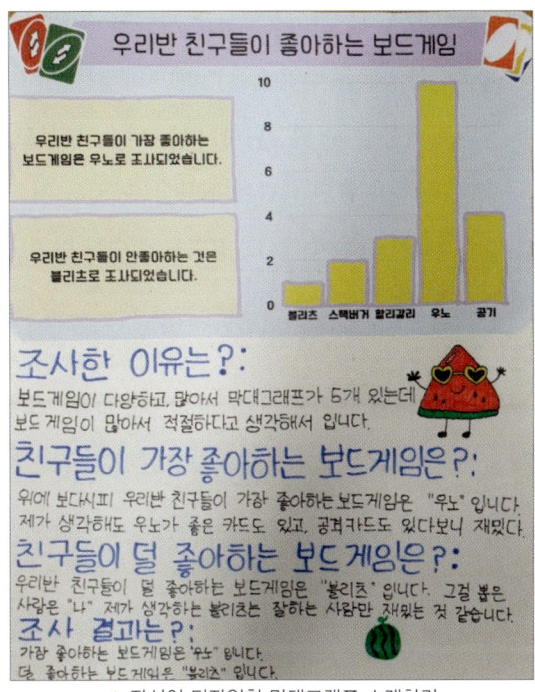

▲ 자신이 디자인한 막대그래프 소개하기

3. 캔바를 활용하여 학생 협업 활동을 할 수 있다

캔바는 온라인에서 여러 명이 동시에 접속하여 작업할 수 있는 기능을 제공합니다. 이를 통해 팀 프로젝트나 조별 활동에서도 원활한 협업이 가능합니다.

다음은 캔바 '화이트보드'를 활용하여 학생들의 의견을 실시간으로 모았던 사례입니다. 학생들의 생각을 실시간으로 쉽고 빠르게 모아 수업에 활용할 수 있었습니다.

▲ 화이트보드 협업 기능

4. 교사가 초대한 학생들은 모두 템플릿을 무료로 사용할 수 있다

교육자 인증을 받은 교사가 학생들을 수업에 초대하면 학생들 역시 유료 기능(템플릿, 사진, 아이콘, 글꼴 등)을 무료로 사용할 수 있습니다. 이는 단순히 '무료 템플릿 제공'을 넘어서, 프로급 디자인 도구를 비용 부담 없이 학습에 활용할 수 있는 기회를 의미합니다. 학생들이 수업 시간에 고퀄리티 자료를 만들 수 있고, 결과물에 대한 만족도도 훨씬 높아지게 됩니다.

▲ 교육용 canva 요금제에서는 프리미엄 템플릿 사용 가능

5. 캔바는 저작권으로부터 자유롭다

캔바에서 제공하는 콘텐츠(사진, 그래픽, 동영상, 폰트 등)는 개인적인 용도뿐만 아니라 상업적인 용도로도 사용할 수 있습니다. 단, 캔바의 콘텐츠를 변형 없이 원본 그대로 판매하거나 재배포하는 것은 금지되어 있습니다. 예를 들어, 캔바의 이미지를 그대로 티셔츠에 인쇄하여 판매하는 것은 허용되지 않습니다. 학생들이 제작하는 디자인은 원본을 그대로 사용하는 일이 거의 없기 때문에 저작권 걱정 없이 사용할 수 있습니다.

6. 캔바는 학생 창의성 신장을 돕는다

캔바는 학생들이 자신의 생각을 포스터, 카드뉴스, 인포그래픽 등 다양한 시각 자료로 표현할 수 있도록 도와주는 창의적인 도구입니다. 디자인 과정에서 학생들은 콘텐츠의 주제를 기획하고, 시각 요소를 선택하며, 메시지를 효과적으로 전달하는 방법을 고민하게 되므로 단순한 기술 습득을 넘어 창의력과 표현력, 기획력까지 자연스럽게 기를 수 있습니다. 이러한 경험은 학생들에게 창작자이자 소통자로서의 자신감을 심어주며, 수업을 보다 주도적이고 의미 있는 배움의 장으로 만들어줍니다.

▲ 학생이 디자인한 중심지 소개 자료　　　　　　▲ 딥페이크 방지 포스터 학생 제작 사례

7. 다양한 형식으로 결과물을 제작할 수 있다

캔바의 가장 큰 장점 중 하나는 디자인 결과물을 다양한 형태로 저장하거나 공유할 수 있다는 점입니다.

학생이 만든 자료를 PDF로 출력하거나 이미지 파일(JPG, PNG)로 저장하여 학교 홈페이지나 학급 SNS에 올릴 수 있고, MP4 형식의 동영상으로도 저장이 가능해 영상 제작 과제로 활용할 수 있습니다.

▲ PDF로 저장하여 문집 제작

▲ 영상 제작 후 동영상(mp4) 파일로 저장

캔바 시작하기

정말 매력이 무궁무진한 캔바, 이제는 직접 사용해볼 차례입니다. 처음 시작이 어렵게 느껴질 수 있지만, 걱정하지 않으셔도 됩니다. 지금부터 캔바에 회원가입하는 방법부터 하나씩 차근차근 안내해드리겠습니다.

01 캔바 홈페이지에 접속합니다.
- https://www.canva.com/

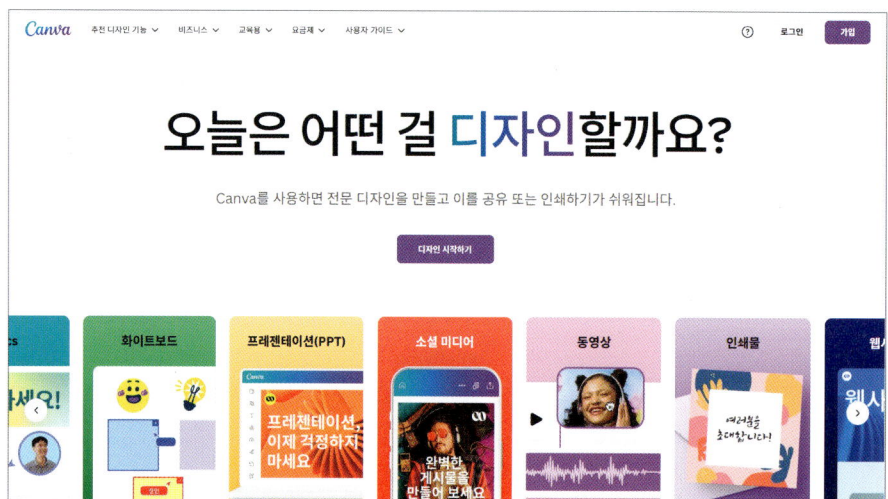
▲ 캔바 홈페이지 접속

02 ❶[가입]을 클릭한 후 이용 약관을 체크하고 ❷[동의 및 계속하기]를 클릭합니다.

▲ 회원가입   ▲ Canva 이용 약관 확인 및 동의

03 ❶[구글로 계속하기]를 클릭하여 회원가입을 진행합니다. Ⓐ[페이스북으로 계속하기] 또는 Ⓑ[이메일로 계속하기]로 회원가입을 진행하셔도 좋습니다.

▲ 회원가입 진행

`안쌤의 꿀팁` 구글로 또는 이메일로 가입하는 경우가 많습니다. 구글 계정이 있다면 [구글로 계속하기]를 눌러 진행해주세요. 학생들과 수업할 때는 학교에서 생성한 학생용 구글 계정을 미리 준비해주세요.

04 회원가입 후 로그인하면 캔바 홈페이지에 접속할 수 있습니다.

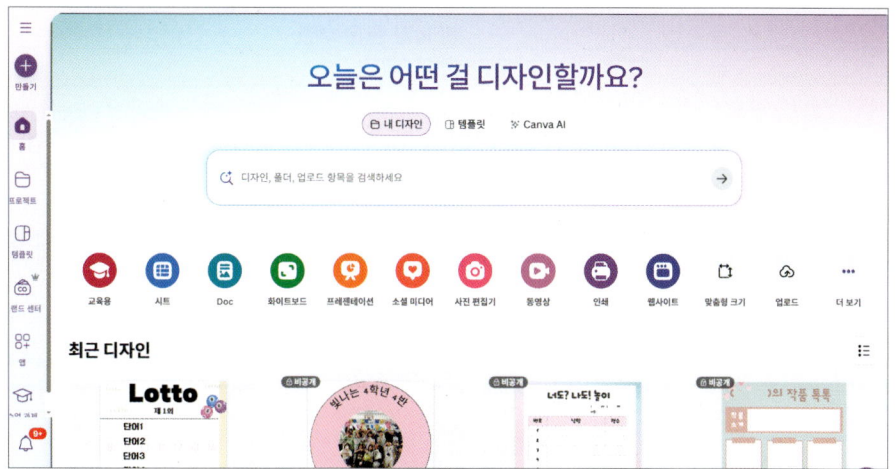

▲ 캔바 홈페이지

1-2 교육자 인증은 필수! 캔바 무료로 시작하기

캔바는 무료로 사용 가능하지만, 특정 템플릿, 요소, 글꼴의 사용에는 제한이 있습니다. 다행히 교육자는 Canva Pro를 무료로 사용할 수 있는 방법이 있습니다.

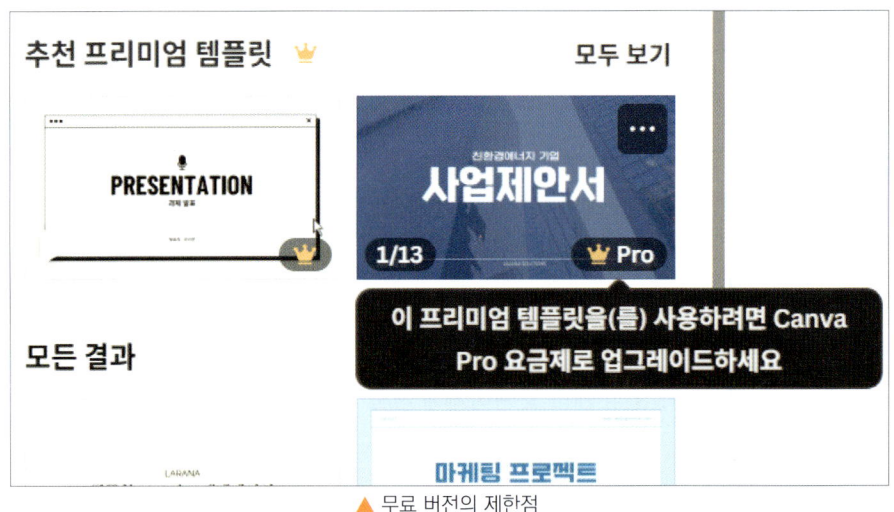

▲ 무료 버전의 제한점

Canva는 전 세계 교육자를 대상으로 Canva for Education이라는 무료 프리미엄 서비스를 제공하고 있습니다.

교사 인증을 받은 사용자는 별도의 비용 없이 Canva Pro의 대부분 기능을 사용할 수 있으며, 초대한 학생들도 함께 프리미엄 콘텐츠를 사용할 수 있습니다.

교육자 인증의 혜택은 다음과 같습니다.

> ❶ 수천 개의 유료 템플릿, 사진, 아이콘, 폰트 무료 사용
> ❷ 수업에 맞춘 전용 템플릿(과학 포스터, 발표자료, 학급 일정 등) 제공
> ❸ 학생 계정 초대 및 공동 작업 기능 활성화
> ❹ 과제 관리 기능 및 팀 피드백 기능 포함
> ❺ 광고 제거 및 고화질 다운로드 기능 사용 가능

교육자에게는 필수인 교육자 인증, 지금부터 그 방법을 함께 알아볼까요?

01 좌측 하단 ❶[계정]을 클릭합니다. ❷[요금제]를 클릭합니다.

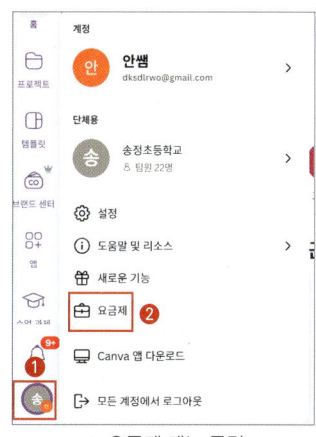

▲ 요금제 메뉴 클릭

02 ❶[교육용]을 클릭합니다.

▲ 교육용 선택

03 교사 배너에서 ❶[인증받기]를 클릭합니다.

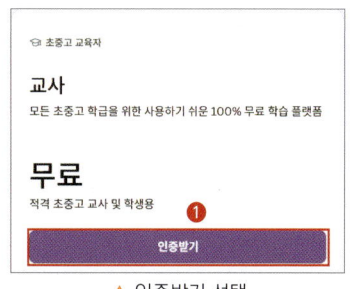

▲ 인증받기 선택

04 ❶이름, 학교를 입력하고 ❷[계속]을 클릭합니다.

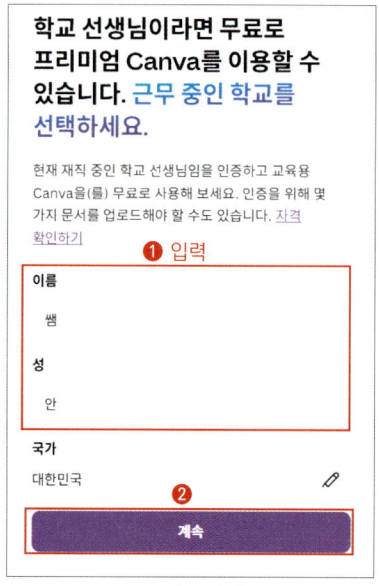

▲ 정보 입력

05 ❶[서명이 포함된 학교 서신]을 클릭 후 재직증명서를 첨부하고 제출합니다. 제출 후 일주일 안에 교육자 인증이 완료됩니다.

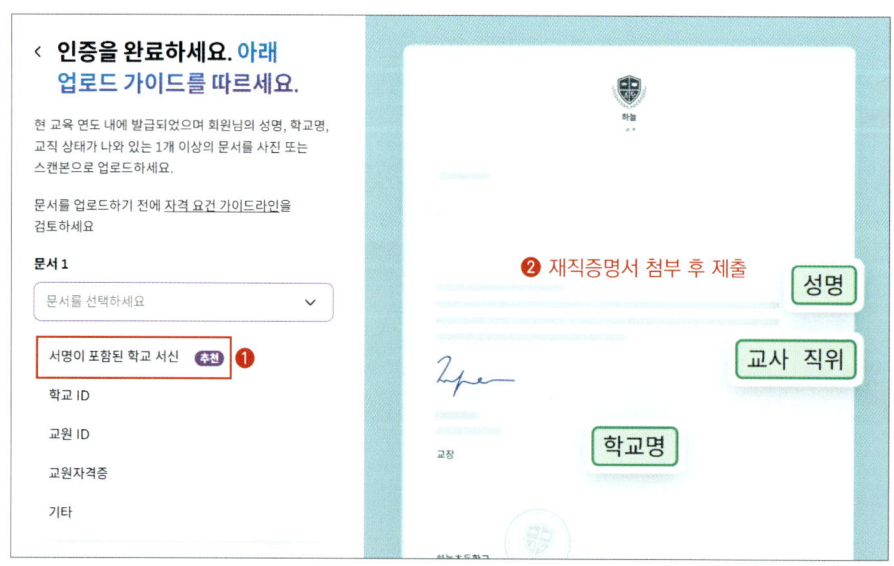

▲ 재직증명서 업로드

안쌤의 꿀팁 재직증명서는 [나이스 대국민 서비스-교육제증명-인사-재직증명서]에서 PDF로 다운로드 받을 수 있습니다. 또는, [나이스-인사기록-증명서신청]에서 출력 가능합니다.

교육자 인증 방법을 익혀 잘 따라해보셨나요? 그럼 이제, 교육자 인증이 완료되었는지 확인해볼까요?

01 좌측 하단 ❶[계정] 클릭 후 ❷[설정]을 클릭합니다.

▲ 설정 클릭

02 결제 및 요금제에서 ❶[청구]를 클릭합니다.

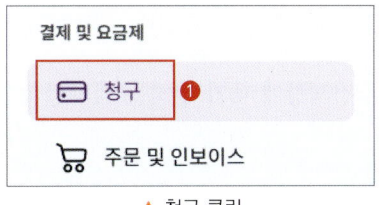

▲ 청구 클릭

03 Ⓐ[교육용Canva] 인증을 확인합니다.

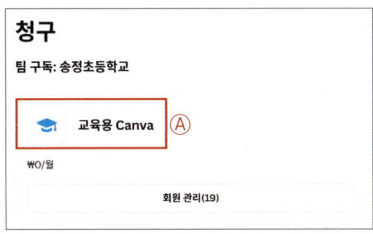

▲ 교육용 캔바 인증 확인

안쌤의 꿀팁 교육용 계정으로 전환되면 캔바 기능의 전반적인 명칭이 수업으로 바뀌게 되고, 캔바 홈에 수업과제 배너도 추가됩니다. 이를 통해 교육자 인증이 된 것을 확인할 수도 있습니다.

1-3 캔바 디자인, 시작해볼까요?

캔바 템플릿 검색하기

교육자 인증까지 마무리되었다면, 이제 본격적으로 디자인을 시작해야겠죠? 디자인의 시작은 바로 '템플릿 검색'입니다. 캔바에는 수천 개의 디자인 템플릿이 준비되어 있습니다. 수업자료, 포스터, 프레젠테이션, SNS 이미지, 영상 썸네일까지 원하는 키워드를 입력하면 손쉽게 템플릿을 찾을 수 있습니다.

01 캔바 메인화면 가운데 검색창에 내가 원하는 디자인을 검색합니다. ❶[학습지]를 검색해보겠습니다.

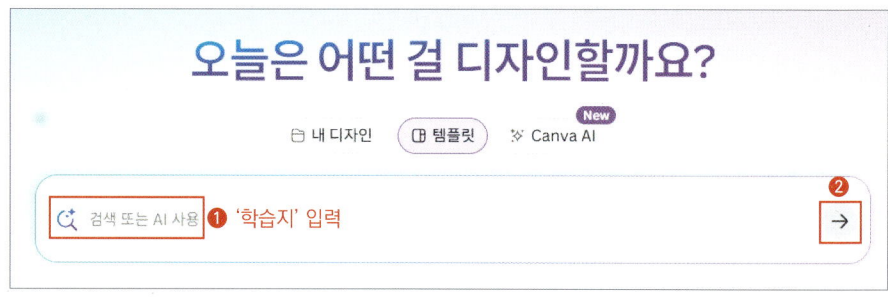

▲ 캔바 검색창에 원하는 디자인 검색

02 바로 디자인을 편집하여 사용할 수 있는 다양한 템플릿이 검색되는 것을 확인할 수 있습니다.

▲ 학습지 예시

03 제작하려는 디자인의 종류가 프레젠테이션, 동영상, 문서(Docs)처럼 결정되어 있는 경우, 캔바 화면 좌측 메뉴에서 ❶[만들기] 버튼을 클릭하여 디자인 형식을 보다 구체적으로 선택할 수 있습니다.

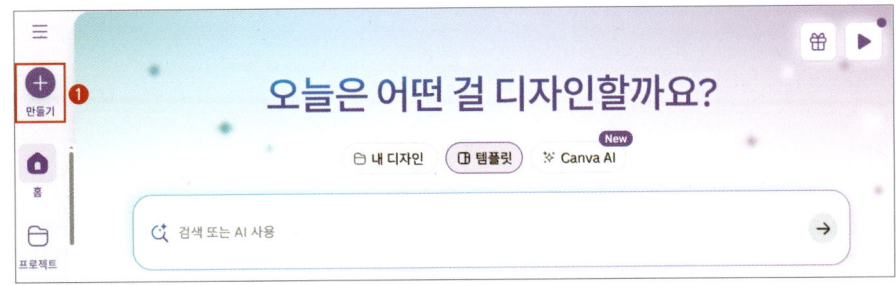

▲ 좌측 메뉴의 만들기 클릭

04 만들기 메뉴에서는 일반적으로 자주 사용하는 디자인 외에도 소셜미디어, 프레젠테이션, 동영상 등 다양한 형식이 분류되어 있어 찾기 쉽습니다.

▲ 디자인 만들기에서 원하는 템플릿 선택

안쌤의 꿀팁 만들기 메뉴를 통해 찾은 템플릿은 해당 형식에 최적화된 레이아웃과 기능이 포함되어 있어 처음 시작할 때 큰 도움이 됩니다.

마음에 드는 디자인을 골랐다면 클릭하여 디자인을 시작해 보세요.

안쌤의 미니특강_ 안쌤이 추천하는 10가지 캔바 템플릿

캔바가 처음이라 어떤 템플릿을 검색하여 수업에 사용해야 할지 모르시겠다고요? 걱정하지 마세요. 지금부터 제가 교육 현장에서 자주 사용하는 필수 템플릿 10가지를 추천해드리겠습니다.

1. 포스터 또는 광고

캔바에서 가장 많이 활용하는 템플릿입니다. 학급 행사 안내, 독서 캠페인, 환경 보호 프로젝트 등 다양한 주제를 시각적으로 표현할 수 있어 학생들의 관심을 끌기에 효과적입니다. 디자인이 간단하면서도 메시지 전달력이 뛰어나 표현력과 요약 능력을 기르는 수업에 특히 잘 어울립니다.

▲ 포스터 템플릿

2. 컷툰

짧은 이야기나 개념을 만화로 표현하며, 주제에 대한 이해와 창의적 재구성이 동시에 이루어집니다. 학생들이 상황을 설정하고 대사를 구상하면서 표현력, 사고력, 유머 감각까지 기를 수 있는 활동에 적합합니다.

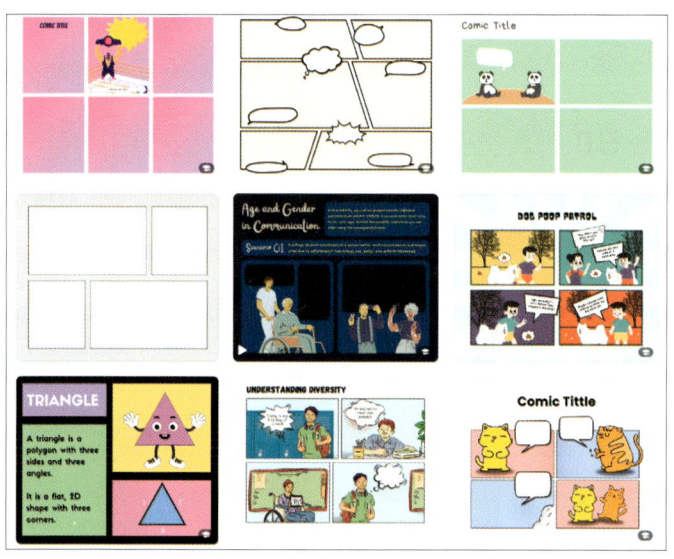

▲ 컷툰 템플릿

3. 그래프

조사 활동 결과나 학급 통계, 실험 결과 등을 시각화할 때 유용하여 자료를 정리하고 해석하는 능력을 키울 수 있습니다.

▲ 그래프 템플릿

4. 인포그래픽

복잡한 정보를 구조화된 이미지로 정리할 수 있어 요약 능력과 정보 전달력을 기르는 데 효과적입니다.

과학 개념, 역사 인물, 사회 이슈 등을 한눈에 보기 쉽게 표현하면서 학생 스스로 개념을 정리하고 재구성하는 활동에 활용할 수 있습니다.

▲ 인포그래픽 템플릿

5. 카드뉴스

하나의 주제를 카드 형식으로 설명하면서 정보를 단계적으로 구성하고 전달하는 능력을 키울 수 있습니다.

▲ 카드뉴스 템플릿

6. 명함

학생이 자신의 이름, 장점, 관심사, 꿈 등을 담아 '나를 소개하는 명함'을 만들며 자기이해 활동에 활용할 수 있습니다. '나의 미래 직업'이나 '꿈 발표하기' 수업과 연계하면, 진로탐색과 자기 표현력을 함께 기를 수 있습니다.

▲ 명함 템플릿

7. 그래픽 오거나이저

생각을 정리하거나 정보를 구조화할 때 유용한 템플릿으로, 비교, 분류, 인과 관계 등을 시각적으로 정리할 수 있습니다. '생각 그물망', '마인드맵', '순서도' 등으로 검색하여 사용하실 수도 있습니다.

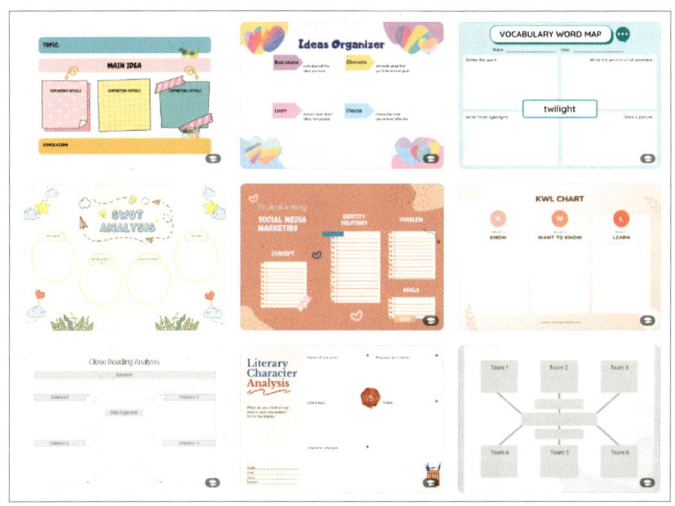

▲ 그래픽 오거나이저 템플릿

8. 로고 또는 스티커

캔바의 로고나 스티커 템플릿을 활용하면 우리 반만의 로고, 뱃지, 이름표 등 다양한 굿즈를 제작할 수 있습니다. 학급 문화 조성, 반 단합 활동, 프로젝트 팀 로고 만들기 등에 활용하여 소속감과 창의적 참여를 이끌어낼 수 있습니다.

▲ 로고 템플릿

9. 콜라주

이미지와 텍스트를 조합해 자유롭게 꾸미는 콜라주 템플릿은 학습 내용을 정리하거나 '나 소개하기' 활동에 매우 효과적입니다. 가운데에 수업에 관한 주제를 배치하고 주변을 학습 내용으로 꾸며보는 활동으로 확장하기 좋습니다.

▲ 콜라주 템플릿

10. 티켓

티켓 템플릿은 학생회 활동, 영화 감상회, 독서 행사, 발표회 등 다양한 학교 이벤트에 실제로 활용할 수 있는 디자인입니다.

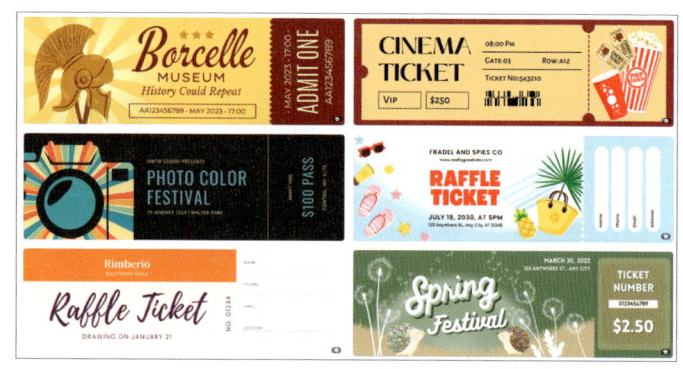

▲ 티켓 디자인

이외에도 캔바에는 정말 다양한 템플릿이 준비되어 있습니다. 제가 소개해드린 템플릿은 교육 현장에서 자주 활용되는 기본 유형들입니다. 먼저 이 기본 템플릿들을 직접 사용해보시고, 익숙해지면 수업 주제나 활동 목적에 맞는 키워드로 다양한 템플릿을 검색해보세요.

1-4 초보도 쉽게 배우는 캔바 편집 화면 완전 정복

원하는 템플릿을 골랐다면, 이제는 편집을 시작할 시간입니다! 디자인할 템플릿을 선택하면 캔바 편집 창 화면으로 이동합니다. 이곳이 바로 여러분의 캔바 디자인 작업실입니다. 이제 이 편집 창 안에서 글자를 바꾸고, 사진을 넣고, 색을 고르고, 애니메이션을 추가하는 등 다양한 편집 작업을 자유롭게 해볼 수 있습니다. 편집 창은 중앙에 ❶디자인 화면, ❷왼쪽에 도구 메뉴, ❸ 상단에는 설정 메뉴로 구성되어 있어 처음 사용하는 사용자도 한눈에 구조를 파악하고 쉽게 작업할 수 있습니다.

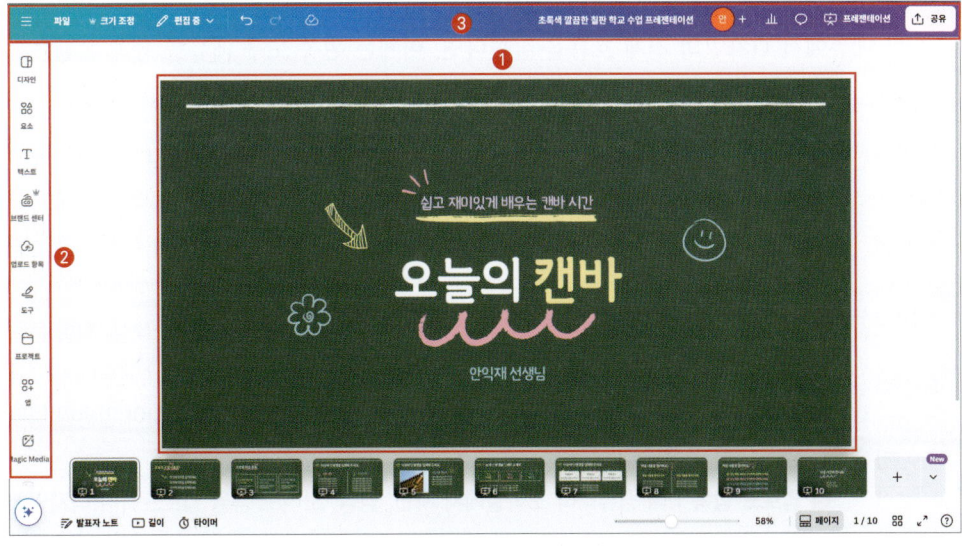

▲ 캔바 편집 화면

지금부터 캔바 편집 창을 살펴보도록 할까요?

캔바 편집 화면 둘러보기

캔바의 상단 메뉴는 디자인 작업의 흐름을 한눈에 파악하고 조작할 수 있도록 구성되어 있습니다. 왼쪽부터 오른쪽까지 순서대로 살펴보면 다음과 같습니다.

▲ 상단 메뉴

❶ **파일** : 편집 창 상단의 '파일' 메뉴는 디자인 작업을 효율적으로 관리할 수 있는 기능들이 모여 있는 곳입니다. 새로 만들기부터 저장, 다운로드, 복사까지 디자인의 시작과 마무리를 담당하는 메뉴라고 볼 수 있습니다.

❷ **크기조정** : 캔바에서는 디자인을 만든 후에도 언제든지 다른 크기로 변경할 수 있습니다. 상단 메뉴의 '크기 조정' 버튼을 클릭하면, 다양한 해상도와 비율의 옵션이 표시됩니다.

❸ **실행취소**, ❹ **다시실행** : 상단의 왼쪽 화살표(←) 버튼을 클릭하여 최근 작업을 실행 취소할 수 있으며, 오른쪽 화살표(→) 버튼을 클릭하면 취소한 작업을 다시 실행할 수 있습니다.

❺ **프레젠테이션** : 디자인을 슬라이드 형태로 발표할 수 있는 전체 화면 모드로 전환할 수 있습니다.

❻ **공유** : '공유' 버튼을 클릭하면 디자인을 링크로 복사하거나 PDF, 이미지 등으로 다운로드할 수 있습니다. 또한 다른 사람을 초대하여 실시간으로 공동 편집하거나, 보기 전용 링크를 생성할 수도 있습니다.

상단 메뉴에서 디자인의 전체 흐름을 살폈다면, 이제는 왼쪽 도구 메뉴를 통해 콘텐츠를 구성하는 요소들을 하나씩 살펴보겠습니다.

❶ **디자인** : 템플릿을 검색하고 불러올 수 있는 메뉴입니다. 원하는 디자인 스타일을 살펴보고 빠르게 적용할 수 있습니다. 또한 템플릿의 스타일이나 레이아웃을 변경할 수 있습니다.

❷ **요소** : 도형, 선, 아이콘, 스티커, 프레임 등 다양한 시각 요소를 추가할 수 있는 메뉴입니다.

❸ **텍스트** : 제목, 부제목, 본문 등 다양한 텍스트 상자를 추가하고 글꼴, 색상, 정렬 등을 설정할 수 있습니다.

❹ **브랜드센터** : 학급이나 학교 고유의 색상, 글꼴, 로고 등을 미리 등록하여 일관된 디자인을 만들 수 있습니다.

❺ **업로드 항목** : 내 컴퓨터나 모바일에서 사진, 영상, 오디오 등을 업로드하여 디자인에 활용할 수 있습니다.

❻ **도구** : 펜 그리기, 도형, 선 등을 활용할 수 있는 메뉴입니다.

❼ **프로젝트** : 내가 만든 모든 디자인과 자료를 한곳에서 관리하고 정리할 수 있는 공간입니다.

❽ **앱** : 외부 앱을 연동하여 디자인에 다양한 자료를 삽입할 수 있습니다.

▲ 도구 모음

학습한 도구 모음의 메뉴들을 하나씩 자세히 살펴보며 실습해 보도록 하겠습니다.

디자인 기능 알아보기

디자인 메뉴는 템플릿 검색하고 불러올 수 있는 기능입니다. 원하는 디자인 스타일을 살펴보고 빠르게 적용할 수 있으며, 템플릿의 스타일이나 레이아웃도 자유롭게 변경할 수 있습니다.

01 캔바 도구 모음에서 ❶[디자인]을 클릭합니다. 현재 선택되어 있는 템플릿 디자인 외에도 다양한 디자인을 확인할 수 있으며, ❷원하는 디자인을 클릭하면 쉽게 변경할 수 있습니다.

▲ 디자인 메뉴

02 마음에 드는 템플릿을 클릭하면, 단일 페이지가 아닌 여러 장의 슬라이드로 구성된 '템플릿 세트'가 열리는 경우가 많습니다. 특히 프레젠테이션 형식은 제목 슬라이드, 목차, 내용 설명, 정리 등으로 구성된 완성도 높은 디자인 묶음을 제공합니다. 화면 중앙에는 Ⓐ[모든 페이지에 적용] 버튼이 표시되어, 전체 슬라이드를 한 번에 삽입하거나 마음에

드는 슬라이드만 골라서 개별 삽입할 수도 있습니다. ❶[슬라이드]를 클릭하여 편집을 시작하겠습니다.

▲ 템플릿 선택

03 디자인을 구성할 때, 단순히 텍스트와 이미지를 넣는 것만큼 중요한 것이 배치(레이아웃)입니다. ❶[레이아웃]을 클릭합니다. 캔바의 [레이아웃] 탭에서는 프레젠테이션에 어울리는 다양한 슬라이드 구조를 손쉽게 선택할 수 있습니다. 목적에 따라 최적화된 레이아웃을 클릭 한 번으로 적용할 수 있습니다.

`안쌤의 꿀팁` 내 템플릿에 레이아웃이 보이지 않는다면? 레이아웃은 프레젠테이션 템플릿에서 확인할 수 있습니다.

▲ 레이아웃

04 ❶[스타일]을 클릭합니다.

▲ 스타일 클릭

05 스타일 탭은 디자인 전체의 색상 조합과 글꼴 스타일을 자동으로 적용할 수 있는 기능입니다. 복잡한 디자인 감각 없이도 전문 디자이너가 만든 것처럼 일관된 느낌을 줄 수 있어 매우 유용합니다. 스타일은 색상 조합과 글꼴 조합 두 가지로 구성되어 있습니다.

▲ 색상 조합

▲ 글꼴 조합

06 스타일의 옵션 클릭 한 번으로 현재 템플릿의 색상 조합과 글꼴이 한 번에 바뀐 것을 확인할 수 있습니다. 이렇게 스타일을 활용한다면 짧은 시간 안에 템플릿의 느낌을 바꿀 수 있습니다.

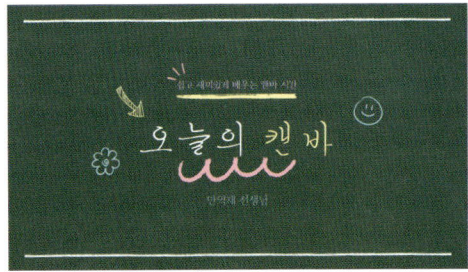
▲ 스타일(색상,글꼴) 변경 전

▲ 스타일(색상,글꼴) 변경 후

요소 기능 알아보기

디자인 메뉴로 캔바의 기본 구성이 끝났다면, 이제 디자인에 생기를 더할 차례입니다. ⓐ[요소 카테고리]에는 활용할 수 있는 다양한 요소가 있습니다. 어떤 요소가 있는지 알아볼까요?

▲ 다양한 요소 카테고리

❶ **도형** : 기본 도형부터 화살표, 말풍선 등 다양한 형태의 도형을 추가할 수 있습니다.
❷ **그래픽** : 아이콘, 일러스트, 장식 요소 등 시각적 포인트를 주는 그래픽 요소입니다.
❸ **사진** : 캔바에서 제공하는 고화질 이미지들을 검색하고 삽입할 수 있습니다.
❹ **동영상** : 짧은 클립이나 배경 영상 등 다양한 영상 자료를 사용 할 수 있습니다.
❺ **3D** : 3D 그래픽 요소를 사용할 수 있습니다.
❻ **양식** : 퀴즈나 설문을 출제하고 답변에 대한 데이터를 수합할 수 있습니다.
❼ **스티커** : 다양한 스티커 형식의 요소를 사용할 수 있습니다.
❽ **오디오** : 배경음악이나 효과음을 삽입하여 영상에 생동감을 줄 수 있습니다.
❾ **시트** : 다양한 시트를 활용하여 데이터를 입력하고 분석할 수 있습니다. 캔바시트와 연동하여 사용할 수 있습니다.
❿ **표** ⓫ **차트** : 표, 막대그래프, 원형 그래프 등 데이터를 시각화 하는 표 또는 차트를 만들 수 있습니다.
⓬ **프레임** : 사진을 특정 모양에 맞춰 넣을 수 있는 틀을 제공합니다.
⓭ **그리드** : 디자인 레이아웃을 나누는 격자 구조를 만들 수 있습니다.
⓮ **Mockups** : 원하는 작품이나 사진을 실제 물건에 삽입하여 나만의 제품을 디자인할 수 있는 앱을 활용할 수 있습니다.

캔바 디자인의 꽃이라고 할 수 있는 그래픽 요소 삽입하는 방법을 알아보도록 하겠습니다.

▲ 그래픽 요소

01 ❶[요소]를 클릭 후 ❷[그래픽]을 클릭합니다.

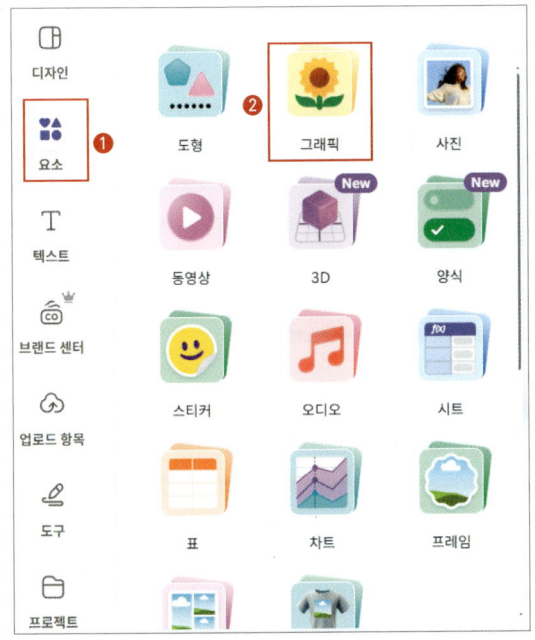

▲ 그래픽 카테고리 선택

안쌤의 꿀팁 움직이는 그래픽 요소를 넣고 싶다면 스티커 요소를 선택해보세요.

1장 디자인 에듀테크 도구 캔바(Canva), 시작해 볼까요? **39**

02 그래픽 카테고리에서 검색창에 ❶[친구]라고 입력해보겠습니다. 활용할 수 있는 다양한 요소가 보이는 것을 확인할 수 있습니다. ❷[두 번째 요소]를 클릭해보겠습니다

▲ 그래픽 선택

03 해당 요소가 템플릿에 바로 추가된 것을 확인할 수 있습니다.

▲ 요소가 추가된 모습

안쌤의 수업 활용 노하우	이런 검색어도 꼭 써보세요!
3D	입체감 있는 아이콘이나 배경 요소가 필요할 때
실루엣	인물, 동물, 사물의 윤곽형 그림이 필요할 때
반짝반짝	주목시키거나 강조하고 싶은 부분에 시각적 효과를 줄 때
스티커	움직임이 있는 요소나 장식이 필요할 때
모자이크	얼굴 가리기, 프라이버시 보호 이미지 처리에 활용
말풍선	학생 발표 내용 넣기, 생각이나 질문 표현하기
도형	정리할 때 사용하는 사각형·원, 인포그래픽 제작에 필수
마스킹테이프, 포스트잇	수업자료나 포스터를 아날로그 감성으로 꾸미기
이모지	얼굴 표정 이모티콘 활용

요소 메뉴에서는 다양한 검색어를 활용해 멋진 디자인을 완성할 수 있지만, 그중에서도 '프레임'은 가장 핵심적인 기능 중 하나입니다. 프레임은 사진이나 영상을 특정 모양 안에 넣을 수 있도록 도와주는 디자인 틀입니다. 이미지를 삽입할 때 자동으로 자르고 정렬해 주기 때문에, 디자인을 깔끔하고 일관되게 완성할 수 있습니다. 프레임을 활용하는 방법을 알아보겠습니다.

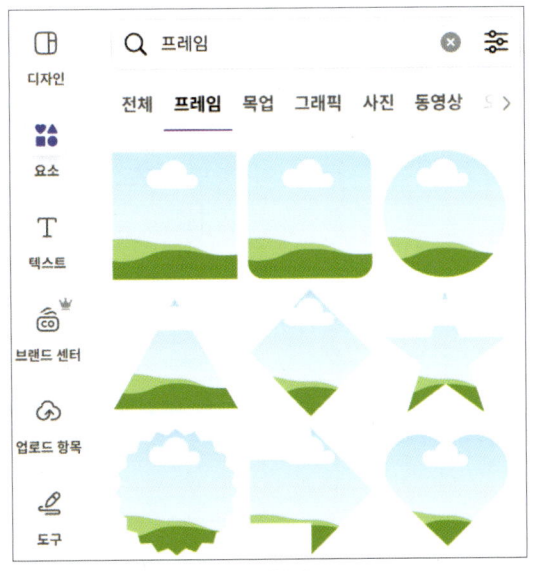

▲ 프레임 요소

01 프레임을 사용하기 위해서는 ❶[요소]를 클릭 후 ❷[프레임]을 클릭합니다.

▲ 프레임 요소

02 다양한 프레임을 확인할 수 있습니다. ❶[원 모양 프레임]을 클릭해보겠습니다.

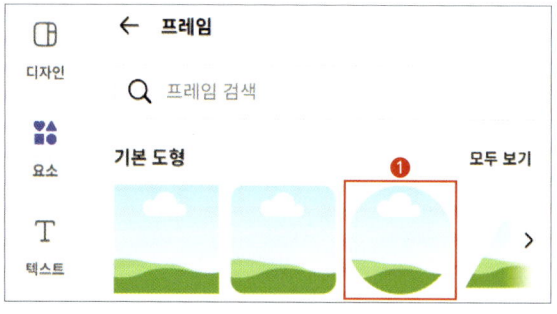

▲ 다양한 프레임

03 프레임을 클릭하면 편집 화면에 추가되는 것을 확인할 수 있습니다.

▲ 편집 화면에 추가된 프레임

프레임이 준비되었다면 사진을 프레임 안에 넣어보도록 하겠습니다.

01 캔바에서 사진을 삽입하기 위해서는 ❶[요소]를 클릭 후 ❷[사진]을 클릭합니다.

▲ 사진 요소 선택

02 검색창에서 ❶[선생님]을 검색하고 검색 결과 중 마음에 드는 이미지를 ❷드래그하여 프레임 속에 삽입합니다.

▲ 사진 요소 검색 후 클릭

1장 디자인 에듀테크 도구 캔바(Canva), 시작해 볼까요? **43**

03 사진이 원형 프레임에 들어간 것을 확인할 수 있습니다.

▲ 프레임 틀에 맞게 들어간 사진

> **안쌤의 수업 활용 노하우**   프레임 이것만을 알고 사용하자!
>
> 1. 프레임에 들어간 사진의 크기를 마음대로 조정하는 것은 어렵습니다. 단, 프레임 안에 들어간 사진을 더 블클릭하면 사진의 위치를 바꿀 수 있습니다.
> 2. 프레임에는 사진뿐만 아니라 동영상도 삽입할 수 있습니다. 프레젠테이션을 사용하거나 mp4로 저장하면 프레임 속 영상이 재생되는 것을 확인할 수 있습니다.
> 3. 내가 원하는 모양의 프레임을 찾고 싶다면, '프레임' 앞에 원하는 모양이나 키워드를 붙여 검색해보세요.
>
> 예를 들어, '하트 프레임', '사진 프레임', '모니터 프레임'처럼 입력하면 원하는 스타일의 프레임을 더 빠르고 정확하게 찾을 수 있습니다.

텍스트 기능 알아보기

디자인의 분위기를 완성하는 데 있어 글자만큼 중요한 요소는 없습니다.

제목, 소제목, 설명 등 다양한 방식으로 정보를 전달하려면, 텍스트 기능을 잘 활용하는 것이 핵심입니다.

이제부터 캔바의 텍스트 도구를 사용해 직접 문장을 넣고, 글꼴과 색을 조절하는 방법을 알아보겠습니다.

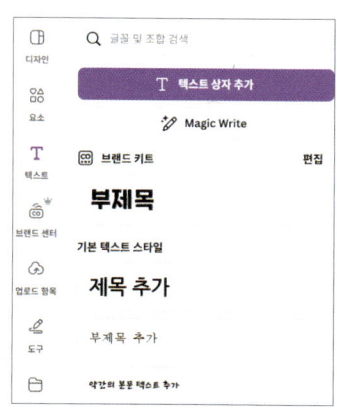

▲ 텍스트 기능

01 템플릿을 선택하면 기본적으로 제목, 부제목, 본문 등의 텍스트가 이미 작성되어 있습니다.

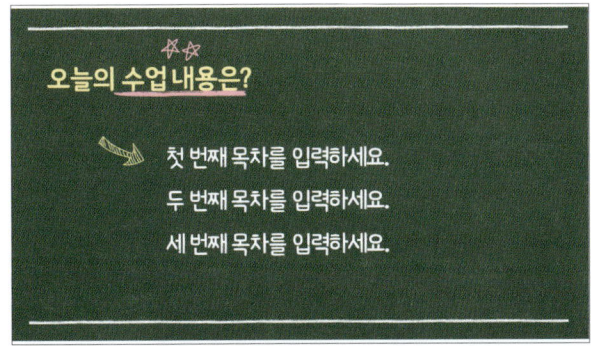

▲ 템플릿에 제공되는 텍스트

02 상황에 따라 직접 텍스트를 추가해야 할 때도 있습니다. 왼쪽 도구 메뉴에서 ❶[텍스트]를 클릭한 후, ❷['제목 추가', '부제목 추가', '본문 추가'] 중 원하는 항목을 선택하면 됩니다. 디자인 화면에 새로운 텍스트 상자가 생성되어, 내용을 자유롭게 입력할 수 있습니다. 또는 ❸[텍스트 상자 추가]를 클릭하여 텍스트 상자를 추가합니다.

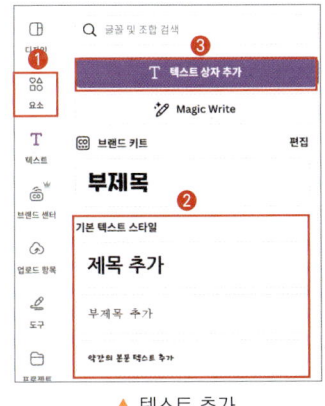

▲ 텍스트 추가

▲ 텍스트 입력 상자

03 텍스트 색상을 바꿔보겠습니다. 글꼴과 색상을 바꾸고 싶은 텍스트를 선택하고 상단 메뉴의 ❶[A 아이콘 버튼]을 클릭하면, 좌측에 텍스트 색상 메뉴를 확인할 수 있습니다. 색상 메뉴에서 내가 원하는 색을 고를 수 있습니다.

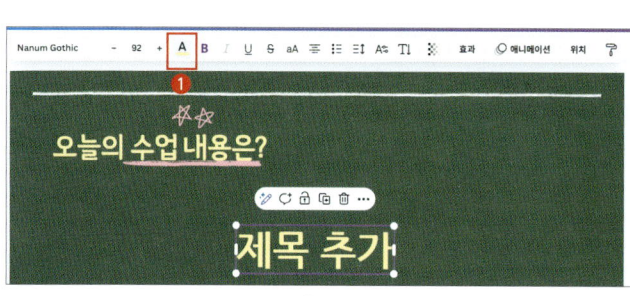

▲ 상단메뉴의 [A]아이콘 클릭

▲ 텍스트 색상 메뉴

04 글꼴을 바꾸고 싶다면 텍스트를 선택한 후 상단 메뉴에 ❶[글꼴]을 클릭합니다. 글꼴을 클릭하면 좌측 글꼴 메뉴에서 다양한 글꼴로 바꾸어 사용할 수 있습니다. 글꼴 옆에 있는 ❷[숫자]는 글씨 크기를 나타냅니다. 숫자가 커지면 텍스트 크기가 커지고 숫자가 작아지면 텍스트 크기가 작아집니다.

▲ 글꼴 및 크기 조정

▲ 글꼴 메뉴

안쌤의 꿀팁 글꼴이 너무 많아 고민이라면, TDTD 또는 210으로 검색해보세요. TDTD나 210 시리즈는 바로 사용하기 좋은 글씨체입니다.

지금까지 기본적인 텍스트 편집 방법을 배워보았습니다. 이번에는, '효과' 기능을 활용하여 텍스트를 더욱 눈에 띄고 인상 깊게 만드는 방법을 알아보겠습니다.

▲ 텍스트를 눈에 띄게 해주는 효과 기능

01 텍스트 상자를 선택한 뒤, 상단 메뉴에서 ❶[효과] 버튼을 클릭해보세요. ❷그림자, 테두리, 배경, 네온 등 다양한 텍스트 효과의 스타일을 간편하게 적용할 수 있습니다.

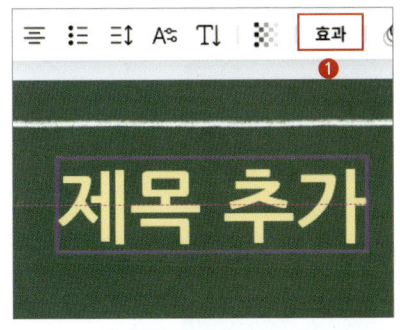

▲ 효과 클릭

▲ 다양한 종류의 스타일 활용

02 대표적으로 자주 쓰는 효과인 '테두리'와 '배경' 스타일을 살펴볼까요? 텍스트 효과를 잘 활용하면, 쉽고 편하게 디자인 속 문장을 강조할 수 있습니다.

▲ 테두리 스타일   ▲ 배경 스타일

안쌤의 꿀팁 발표 자료나 학생 과제처럼 주목받아야 할 키워드에는 텍스트 효과를 적절히 사용해보세요. 시각적인 강조를 통해 중요한 정보가 더 쉽게 전달됩니다.

이번에는 텍스트의 전체적인 스타일을 복사하는 방법을 알아보겠습니다.

스타일 복사 기능은 전체 디자인에 통일감을 주고, 편집 시간을 줄여주는 매우 유용한 도구입니다.

이 기능을 활용하면 글꼴, 크기, 색상, 정렬 방식 등을 한 번에 복사하여 다른 텍스트에 빠르고 일관되게 적용할 수 있습니다.

01 먼저 스타일 복사를 하기 위해서는 스타일을 복사하고 싶은 텍스트를 선택해야 합니다. 이 경우 ❶[수업내용 1]을 클릭합니다. 다음으로 ❷[스타일 복사 아이콘]을 클릭합니다. 스타일 복사가 완료되었습니다. 스타일을 붙여 넣고 싶은 텍스트를 선택합니다. 이 경우 ❸[수업 내용 2]를 클릭하면 스타일 복사가 완료됩니다.

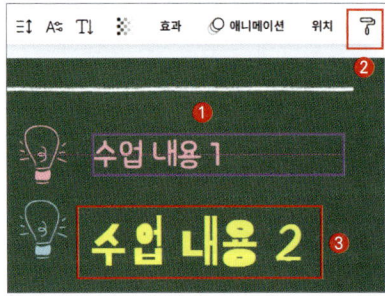

▲ 스타일 복사

02 스타일이 같아진 것을 확인할 수 있습니다.

▲ 스타일 복사를 통해 같아진 텍스트 모양 텍스트

안쌤의 꿀팁 같은 슬라이드 뿐만 아니라 다른 슬라이드에도 스타일 복사를 사용할 수 있습니다. 한 슬라이드에서 복사한 텍스트 스타일을 다른 슬라이드 텍스트에 그대로 적용할 수 있기 때문에, 여러 슬라이드로 구성된 디자인에서도 통일된 분위기와 일관된 구성을 쉽게 만들 수 있습니다.

텍스트의 내용을 입력하고 스타일까지 완성했다면, 이제는 텍스트를 어디에, 어떻게 정렬할지 정하는 단계입니다. 텍스트 정렬은 디자인의 균형을 잡아주고, 가독성과 전달력을 높이는 중요한 마무리 작업입니다. 상단 메뉴의 '위치' 도구를 활용하면 왼쪽, 가운데, 오른쪽 정렬은 물론, 상하 위치, 텍스트 상자 내 세로 정렬까지 자유롭게 조절할 수 있습니다.

▲ 정렬을 도와주는 위치 기능

01 정렬하고 싶은 ❶[텍스트들을 드래그하여 한 번에 선택] 후 ❷[위치]를 클릭합니다. 좌측에 나타나는 정렬 메뉴에서 원하는 정렬 방법을 선택합니다. ❸[왼쪽 정렬]을 사용해 보겠습니다.

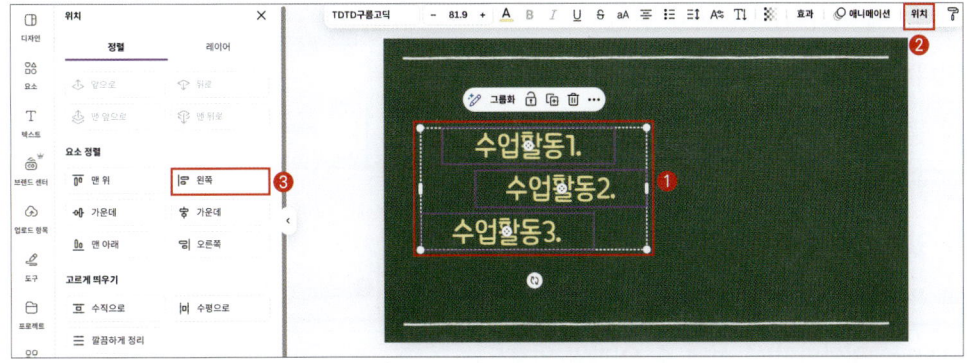

▲ 위치 기능을 활용한 정렬

`안쌤의 꿀팁` 한 요소를 선택 후 [Shift] 버튼을 누른상태에서 다른 요소를 클릭하면 여러 요소를 동시에 선택할 수 있습니다.

02 정렬되지 않았던 텍스트들이 왼쪽으로 정렬된 것을 확인할 수 있습니다. 사용 목적에 맞게 다양한 방법으로 정렬하여 사용해보세요.

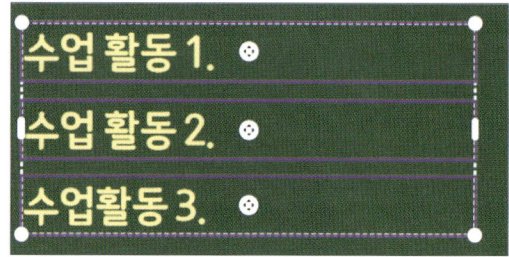

▲ 왼쪽 정렬된 텍스트

업로드 항목 알아보기

디자인에 나만의 사진, 영상, 오디오 파일을 넣고 싶을 때 사용하는 메뉴가 바로 업로드 항목입니다. 수업 사진, 학생 작품, 녹음 파일 등 직접 준비한 자료를 디자인에 자유롭게 삽입할 수 있어 캔바를 더 개인화된 수업 도구로 활용할 수 있습니다. 그럼 지금부터 업로드 항목을 활용하는 방법을 알아볼까요?

▲ 업로드 항목

01 좌측 메뉴에서 ❶[업로드 항목]을 클릭합니다. 업로드 항목 메뉴에서는 이미지, 동영상, 오디오 탭으로 나누어져 있어 어떤 자료를 올릴지에 따라 원하는 메뉴를 먼저 선택하면 됩니다. 이미지 탭에서는 사진, 스캔 파일, 그림 등을 업로드할 수 있으며, 동영상 탭에서는 촬영한 영상이나 수업용 영상 자료를 삽입할 수 있습니다. 오디오 탭을 활용하면, 직접 녹음한 음성이나 배경 음악을 디자인에 넣을 수 있습니다. ❷[이미지]를 선택 후 ❸[파일 업로드]를 클릭합니다.

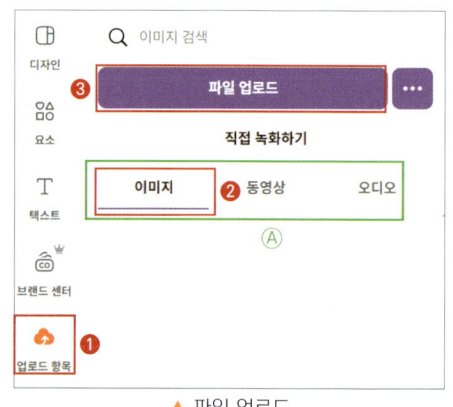

▲ 파일 업로드

02 업로드 하고 싶은 ❶[이미지]를 선택하고 ❷[열기]를 클릭합니다.

▲ 이미지 업로드

03 이미지가 템플릿에 업로드된 것을 확인할 수 있습니다.

▲ 업로드된 이미지

04 업로드한 자료는 업로드 항목 클라우드에 저장되어 다른 디자인에서도 계속 사용할 수 있으니, 수업마다 자주 쓰는 이미지나 아이콘은 미리 올려두면 더 편리하게 사용할 수 있습니다.

▲ 클라우드에 저장된 자료

이처럼 업로드 항목 기능을 활용하면, 내가 준비한 이미지, 영상, 오디오 자료까지 디자인에 직접 활용할 수 있습니다. 템플릿만 사용하는 것을 넘어서, 진짜 나만의 수업 자료를 만드는 한 걸음이 되는 기능입니다.

> **안쌤의 수업 활용 노하우** ▶ 스마트폰에 캔바 앱을 설치해보세요!
>
> 스마트폰에 캔바 앱을 설치하면, 스마트폰에 있는 사진이나 영상을 바로 업로드할 수 있습니다. 계정이 연동되어 있기 때문에, 모바일에서 업로드한 자료를 PC에서도 그대로 사용할 수 있어 작업이 더욱 편리합니다. 스마트폰에서 캔바 앱을 검색하여 설치해 사용해보세요.

앱 연동 방법 알아보기

이번에는 앱 연동 방법을 알아보겠습니다.

캔바는 다양한 외부 앱을 연동할 수 있는 기능을 제공합니다. 이번에는 가장 자주 사용하는 사진 앱과 오디오 앱을 추가하는 방법을 알아보겠습니다. (더 자세한 앱 활용법은 4장 '수업에 가능성을 넓히는 다양한 캔바 앱 활용하기'에서 확인하실 수 있습니다.) 지금부터 연동해보는 방법을 함께 살펴보겠습니다.

01 템플릿 편집 화면 좌측 메뉴에서 ❶[앱]을 클릭합니다. ❷[Canva 앱 검색]에서 내가 원하는 앱을 검색하여 사용할 수 있습니다. 하단으로 조금만 스크롤하면 캔바의 기본적인 앱을 확인할 수 있습니다. ❸[사진]을 클릭합니다.

▲ 캔바 앱 연동하기

02 좌측 메뉴에 Ⓐ[사진 앱]이 연동된 것을 확인할 수 있습니다.

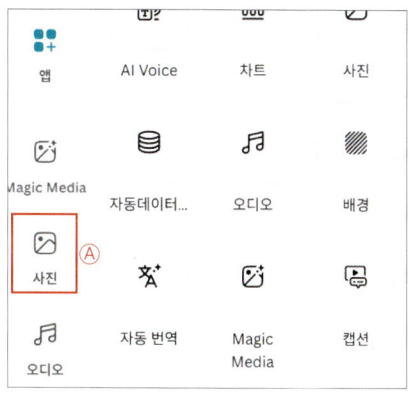
▲ 활성화 된 사진 앱

03 ❶[활성화된 사진 앱]을 클릭하면 다양한 이미지를 검색하여 사용할 수 있습니다. 검색창에 ❷[하늘]이라고 검색해보겠습니다. ❸[첫 번째 이미지]를 클릭해보겠습니다.

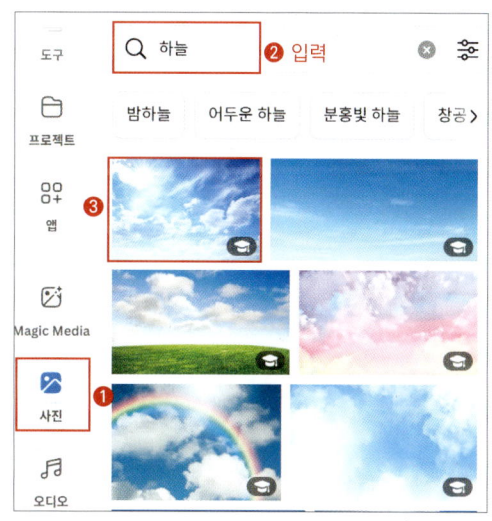
▲ 사진 앱 활용하기

04 템플릿에 사진이 삽입된 것을 확인할 수 있습니다.

▲ 템플릿에 삽입된 이미지

안쌤의 꿀팁 이렇게 사진 앱을 활용하면, 매번 '요소' 탭에서 사진을 들어가지 않아도 원하는 이미지를 직접 검색하고 바로 추가할 수 있어 매우 편리합니다.

캔바의 앱 기능을 활용하면, 오디오도 아주 쉽게 추가할 수 있습니다. 별도로 프로그램을 사용하지 않아도, 디자인 안에서 바로 음악, 효과음, 녹음 파일 등을 삽입할 수 있어 편리합니다.

01 좌측 메뉴에서 ❶[앱]을 클릭한 후 ❷[오디오 앱]을 클릭합니다.

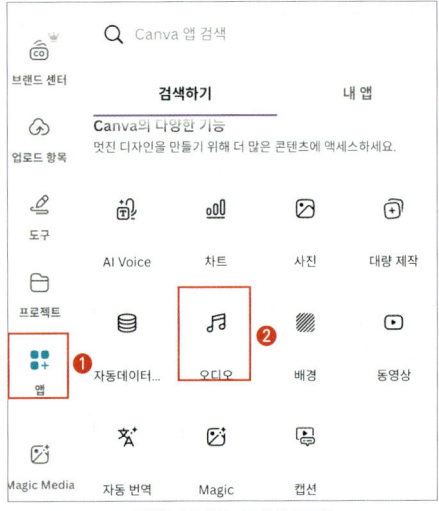

▲ 캔바 오디오 앱 연동하기

02 좌측 메뉴에 Ⓐ[오디오 앱]이 연동된 것을 확인할 수 있습니다.

▲ 연동된 오디오 앱

03 오디오 앱을 누르면 캔바에서 제공하는 다양한 오디오를 활용할 수 있습니다. 오디오 검색창에 ❶[기쁨]이라고 검색해보겠습니다. 여기서는 ❷[Delightful]를 클릭하겠습니다.

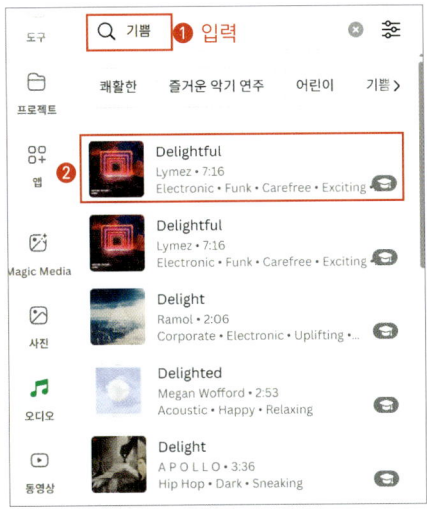

▲ 오디오 검색 후 원하는 오디오 선택

04 템플릿 하단에 Ⓐ[오디오]가 삽입된 것을 확인할 수 있습니다.

▲ 삽입된 오디오

2장

캔바 기능을 활용한
학생 참여형 수업 만들기

학생들이 직접 참여하고, 표현하고, 공유하는 수업을 만들고 싶으신가요? 캔바를 활용하면 학생 초대부터 과제 배포, 제출, 수합, 발표까지 한 번에 해결할 수 있습니다. 이 장에서는 캔바로 학생 참여형 수업을 구성하는 전 과정을 단계별로 살펴보겠습니다. 지금부터 학생과 함께 만들어가는 수업의 시작을 함께 열어보겠습니다.

2-1 학급으로 학생 초대하기

학생을 캔바에 초대하는 방법은 수업 시작의 핵심 단계입니다. 교직원 인증을 받은 교사 계정으로 학생을 초대해야 학생들도 캔바의 프리미엄 기능을 무료로 이용하며 다양한 활동에 참여할 수 있습니다. 이번 챕터에서는 수업 상황에 따라 쉽게 활용할 수 있는 학생 초대 방법을 단계별로 소개하겠습니다.

먼저, 수업 상황에 따라 학생들이 사용할 기기가 태블릿인지 데스크톱인지 결정해야 합니다.

사용 기기에 따라 초대 방식과 참여 흐름이 조금씩 달라질 수 있기 때문에, 수업 전에 기기 환경을 미리 고려하는 것이 중요합니다.

QR코드로 초대하기

태블릿을 활용하는 경우부터 알아볼까요? 수업에서 태블릿을 사용하는 경우 초대 코드를 생성하여 QR코드를 활용하는 방법이 가장 효율적입니다. 따라해 보도록 하겠습니다.

01 캔바 홈페이지에 접속합니다. ❶[계정], ❷[설정], ❸[팀원], ❹[사용자초대]를 클릭합니다.

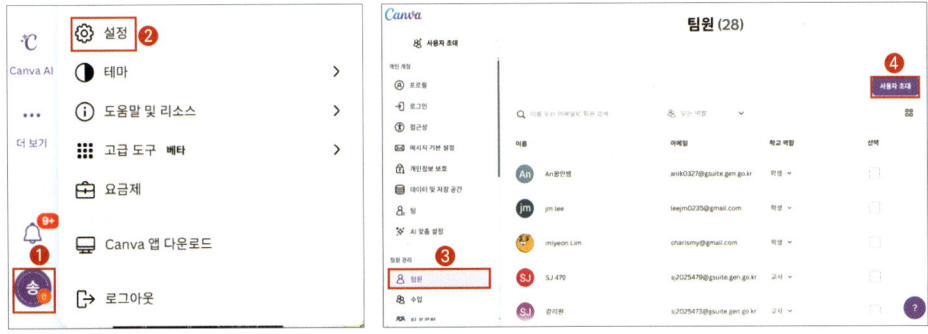

▲ 사용자 초대 선택

안쌤의 꿀팁 학생을 학급 별, 모둠 별로 구성하여 관리하고 싶은 경우 수업을 생성한 후 초대하는 것을 추천드립니다. 75쪽을 참고해주세요.

02 사용자 초대 배너가 활성화됩니다. ❶[공유 링크를 초대]를 선택 후 ❷[복사]를 클릭합니다.

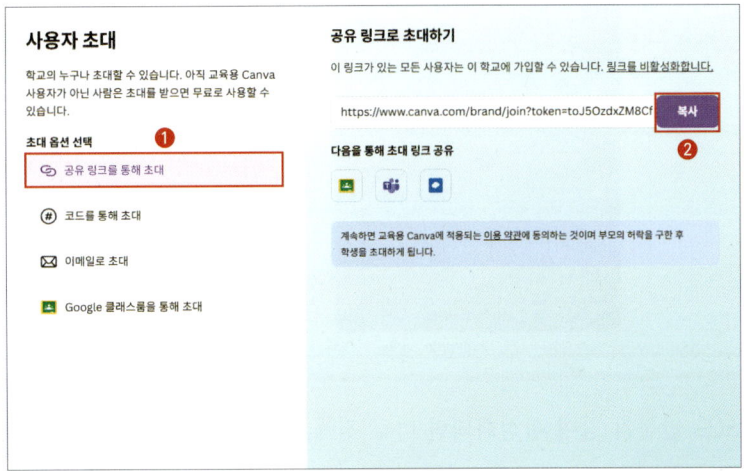

▲ 사용자 초대 옵션

2장 캔바 기능을 활용한 학생 참여형 수업 만들기 **59**

안쌤의 수업 활용 노하우 ▶ 사용자 초대 옵션별 특징 알아보기

공유 링크를 통해 초대	링크를 복사해 전달하면, 학생이 클릭 한 번으로 바로 참여할 수 있는 가장 간편한 방법입니다.
코드를 통해 초대	접속 시 입력해야 하는 전용 초대 코드를 제공하며, 간단한 코드 입력만으로 접속할 수 있습니다.
이메일로 초대	학생의 이메일 주소를 직접 입력해 초대장을 전송할 수 있는 방식입니다. 정해진 인원에게만 제한적으로 초대할 때 유용합니다.
Google 클래스룸을 통해 초대	구글 클래스룸을 사용하는 학교라면, 클래스룸에 등록된 학생을 자동으로 초대할 수 있어 매우 편리합니다.

03 복사된 링크를 QR코드로 쉽게 만들어보겠습니다. 실행 중인 브라우저 빈 공간에 ❶[마우스 오른쪽을 클릭] 후 ❷[이 페이지의 QR코드 생성]을 선택합니다.

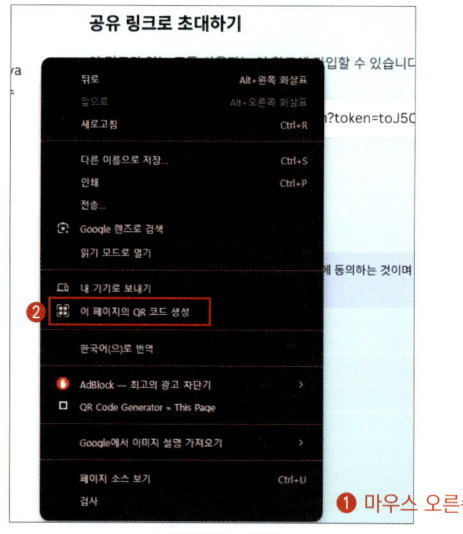

❶ 마우스 오른쪽 버튼 클릭

▲ QR코드 생성

04 QR코드 만들기 창이 활성화되면 바로 전에 복사했던 ❶[초대 링크를 붙여넣기] 합니다. 초대 링크의 QR코드가 완성되었다면 ❷[다운로드] 받아 미리 인쇄해 교실 벽에 붙이거나, 화면에 띄워 두면 수업 시작 시 빠르게 입장 유도가 가능합니다.

❶ 초대 링크 붙여넣기

▲ 생성된 QR코드

> **안쌤의 수업 활용 노하우** ▶ 학생 초대 시 유용한 팁
>
> 학생들을 초대할 때, 별도로 회원가입 절차를 안내하지 않아도 됩니다. 특히 태블릿 기기의 경우 대부분 구글 계정이 이미 연동되어 있기 때문에, 학급 초대 링크로 접속만 하면 자동으로 계정이 연결되며, 간단한 가입 절차만 거치면 바로 참여할 수 있습니다. 즉, 회원가입을 먼저 하고 다시 초대 코드를 입력하는 번거로운 과정 없이, 초대 링크 한 번으로 가입과 참여가 동시에 이루어지는 간편한 방식입니다.

링크로 초대하기

태블릿이 아닌 데스크톱을 사용하는 수업 환경에서는 어떻게 학생들을 쉽게 초대할 수 있을까요?

별도의 학급 LMS(예: 구글 클래스룸, 밴드, 단체 채팅방)가 없다면 축약 링크를 활용 학생들이 직접 주소창에 입력하고 참여하는 방식이 효과적입니다. 캔바에서 생성한 초대 링크를 bit.ly, url.kr, tinyurl 같은 링크 축약 도구를 활용해 짧게 만든 후, 칠판에 적거나 화면에 띄워 보여주면, 학생들이 직접 입력하여 수업에 참여할 수 있습니다.

01 사용자 초대 배너에서 ❶[공유 링크를 초대]를 선택 후 ❷[복사]를 클릭합니다.

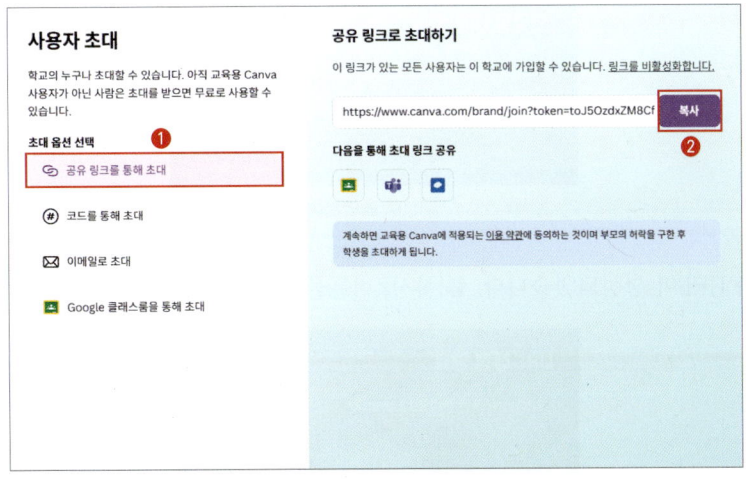

▲ 사용자 초대 옵션

02 축약 사이트에 접속합니다. 인터넷 주소창에 [u.lrl.kr]을 검색하여 접속합니다.

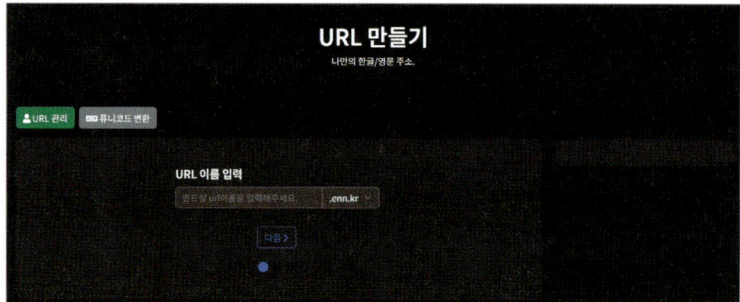

▲ URL단축 서비스

03 ❶ 생성할 단축 URL 주소를 입력합니다. 한글도 가능합니다.

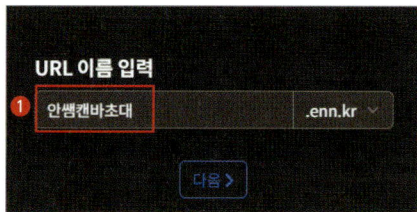

▲ 생성할 주소 입력

04 바로 이전에 복사했던 ❶초대 링크를 붙여넣기한 후 ❷[다음]을 클릭합니다.

▲ URL축약하기

05 단축 URL이 생성되었습니다. ❶[복사] 버튼을 눌러 주소를 복사하여 사용합니다.

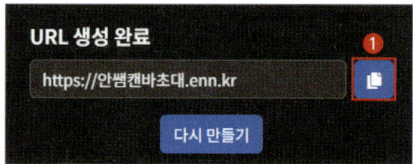

▲ 단축된 주소

안쌤의 꿀팁 주소창에 [숏.한국]을 검색 후 접속 하면 한국어로만 구성된 단축링크를 생성할 수 있습니다.

2-2 수업 목적에 맞는 링크 활용법 알아보기

학생 초대가 완료되었다면, 이제는 학생들이 직접 작품을 만들어볼 시간입니다. 학생들은 캔바에 접속하여 원하는 템플릿을 스스로 선택해 작업할 수 있지만 교사가 미리 선택한 템플릿으로 초대하거나, 사본 링크를 제공하여 동일한 형식으로 과제를 시작하도록 안내할 수도 있습니다. 수업의 목적과 활동 유형에 맞게 템플릿을 선택하거나 사본 링크를 활용하여 학생들이 보다 집중도 높게 참여할 수 있도록 구성해보세요.

공유 링크로 협업 중심 수업 구성하기

 https://m.site.naver.com/1K4Nd

▲ 협업을 활용한 수업 사례

공유 링크 기능을 활용하면, 여러 명의 학생이 하나의 디자인에 함께 참여할 수 있습니다. 이 기능은 조별 활동, 공동 발표 자료 제작, 학급 프로젝트처럼 여러 명이 동시에 편집하고 의견을 반영해야 하는 과제에 매우 적합합니다.

캔바의 공유 기능에서 '편집 가능' 링크를 복사해 학생들에게 전달하면, 학생들은 해당 링크를 통해 디자인에 입장하여 함께 작업하고 수정할 수 있습니다.

이제 협업 링크를 만드는 방법을 함께 따라해 볼까요?

▲ 공유 링크를 통해 동시 작업 중인 모습

01 템플릿 편집 화면 우측 상단 메뉴에서 ❶[공유] 버튼을 클릭합니다.

▲ 공유 버튼 클릭

02 액세스 수준에서 ❶[배너열기 아이콘]을 클릭한 후 ❷[링크가 있는 모든 사용자]를 선택하여 변경합니다.

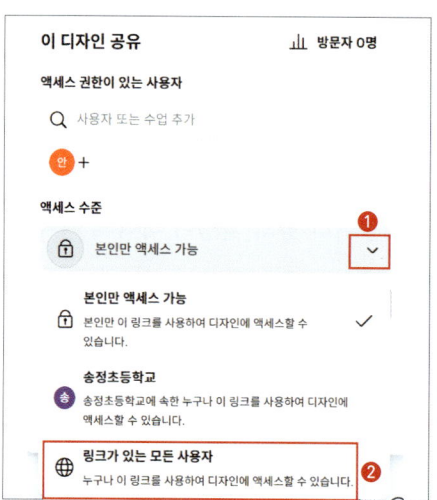

▲ 링크가 있는 모든 사용자로 변경

03 ❶[편집옵션]을 눌러 공유하고 싶은 옵션을 선택합니다. 학생들이 템플릿을 동시에 편집해야 하기 때문에 ❷[편집 가능]으로 선택하겠습니다.

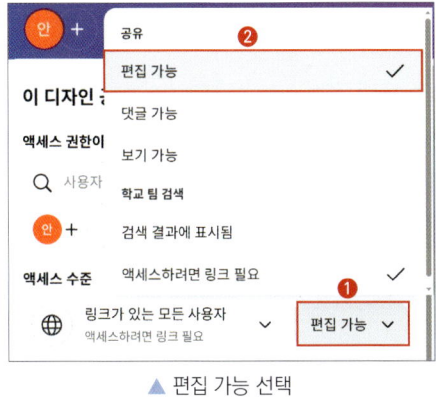

▲ 편집 가능 선택

편집 가능	- 선택한 사용자는 디자인 안의 모든 요소(텍스트, 이미지, 배경 등)를 자유롭게 수정할 수 있습니다. - 조별 과제, 공동 제작물, 발표자료 등 협업이 필요한 상황에 적합합니다.
댓글 가능	- 사용자는 디자인을 직접 편집하지는 못하지만, 의견이나 피드백을 댓글로 남길 수 있습니다. - 학생 피드백, 동료 교사 검토, 학생 간 상호 평가 상황에서 유용합니다.
보기 가능	- 디자인 내용을 읽거나 감상만 가능하며, 수정이나 댓글 작성은 불가능합니다. - 과제 제출 후 공유, 수업 자료 안내, 발표 전 배포용으로 적합합니다.

04 ❶[링크 복사]를 클릭하면 공유할 수 있는 주소가 복사됩니다. 학생들에게 공유하여 수업을 진행합니다.

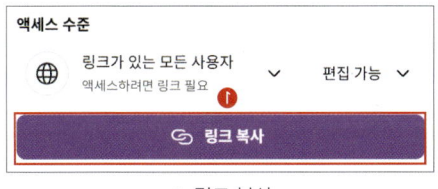

▲ 링크 복사

안쌤의 꿀팁 복사된 링크를 QR코드 또는 축약하여 학생들에게 공유하면 쉽고 빠르게 템플릿에 접속할 수 있습니다.

협업 링크를 사용하면, 여러 학생이 동시에 하나의 디자인에서 함께 작업할 수 있어 빠르게 자료를 제작하고 결과물을 바로 확인할 수 있다는 장점이 있습니다.

하지만 모든 사용자가 동시에 수정할 수 있기 때문에, 작업 충돌이나 실수의 위험도 존재합니다.

누가 어떤 내용을 변경했는지 추적하기 어렵고, 하나의 실수가 전체 작업에 영향을 줄 수 있기 때문에, 역할 분담이 명확하지 않으면 오히려 혼란을 초래할 수 있습니다.

처음 캔바 협업을 사용하는 경우, 소수의 인원으로 모둠 활동을 먼저 진행해 보고, 익숙해진 뒤에 학급 전체 활동으로 확장하는 것을 추천드립니다.

템플릿 링크로 개별 과제 수업 설계하기

▲ 템플릿 링크 수업 사례

템플릿 링크(사본 링크)는 학생마다 개별 복사본이 자동으로 생성되도록 공유하는 방식입니다.

이 기능을 활용하면 원본 디자인은 그대로 유지되면서, 각 학생은 자신만의 공간에서 자유롭게 작품을 제작할 수 있습니다.

수행평가, 포스터 제작, 자기소개 카드처럼 협업이 아닌, 개인별 결과물이 필요한 수업에 가장 적합한 방식입니다.

01 템플릿 편집 화면 우측 상단 메뉴에서 ❶[공유] 버튼을 클릭합니다.

▲ 공유클릭

02 ❶[모두 보기]를 클릭합니다.

▲ 모두 보기 클릭

03 ❶[템플릿 링크]를 클릭합니다.

▲ 템플릿 링크 클릭

04 ❶[템플릿 링크 만들기]를 클릭합니다.

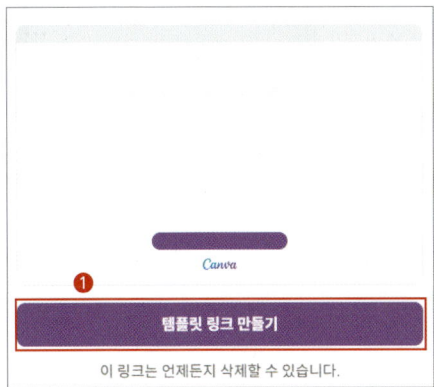

▲ 템플릿 링크 만들기 클릭

05 ❶[복사]를 클릭합니다. 복사된 템플릿 링크를 학생들에게 공유합니다.

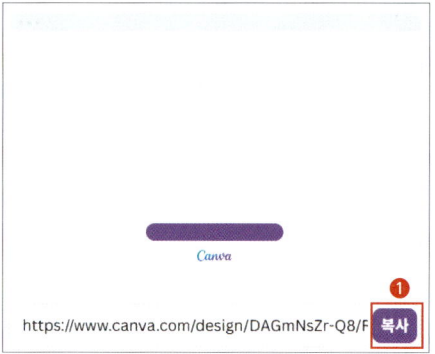

▲ 복사 클릭

안쌤의 꿀팁 복사된 링크를 QR또는 주소를 축약하여 학생들에게 제공하면 빠르게 템플릿으로 접속할 수 있습니다.

06 교사에게 전달받은 링크로 접속하면 개인 사본이 생성되게 됩니다. 하단의 ❶[템플릿 보기] ❷[편집기에서 열기]를 누르면 교사가 제공한 기본 템플릿의 사본으로 접속되게 되고, 작업을 시작하면 됩니다.

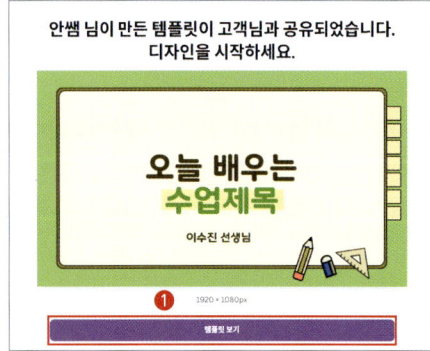 

▲ 템플릿 사본 열기

> **안쌤의 수업 활용 노하우** 템플릿 링크를 활용한 수업 사례

템플릿 링크를 활용한 수업 사례를 살펴보겠습니다.

학생들이 제작해야 할 독립운동가 카드의 틀을 교사가 생성한 후 학생들에게 템플릿 링크를 활용하여 공유하였습니다.

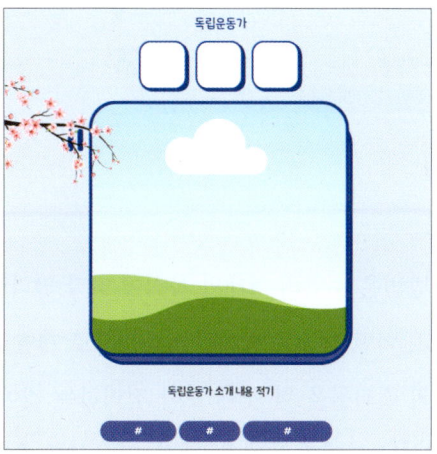

▲ 공유된 템플릿 링크

링크를 받은 학생은 개별 사본이 생성되었고, 개별적으로 작업을 마무리하였습니다. 학생들이 제작한 독립운동가 카드입니다. 기본 틀을 활용한 사본이 제공되었기 때문에 통일성 있는 작품으로 수합된 것을 확인할 수 있습니다.

▲ 템플릿 링크를 활용한 학생 작품

선생님께서도 직접 만들어보고, 수업에 어떻게 적용할 수 있을지 한 번 활용해보세요! 따라 하다 보면 생각보다 쉽고, 수업이 훨씬 유연해지는 경험을 하실 수 있습니다.

2-3
학생 과제 수합 3가지 방법

학생 과제를 수합하는 방법은 수업의 형태와 목적에 따라 달라집니다. 어떤 과제는 빠르게 수합하는 것이 중요하고, 어떤 활동은 정해진 템플릿으로 개별 과제를 수합해야 하며, 또 어떤 경우는 다양한 형태의 결과물을 한 곳에 모아 정리하는 것이 필요할 수 있습니다. 이 장에서는 세 가지 수합 방식(교사에게 보내기, 배정, 프로젝트 폴더)을 상황별로 나누어 소개하고 있습니다. 표로 세 가지 방법을 간단히 정리해보겠습니다.

기능	목적	사용상황
교사에게 보내기	개별 제출	간단한 개별 과제, 활동지 제출 등
배정	과제 지정 + 개별 수합	수행평가, 템플릿 과제, 진도 확인
프로젝트 폴더	다양한 파일 모아 한 곳에 저장	조별 과제, 영상 포트폴리오 정리 등

지금부터 각 기능들의 사용 방법을 차근차근 알아보도록 하겠습니다.

가장 간단한 방법: '교사에게 보내기' 기능으로 개별 제출 받기

'교사에게 보내기'는 학생이 작업을 마친 후, 간단한 클릭만으로 결과물을 교사에게 직접 제출할 수 있는 기능입니다. 학생들이 캔바에 접속 후 자유롭게 템플릿을 골라 제작한 과제를 제출할 경우 사용하면 좋습니다. 가장 기본적인 과제 수합인 만큼 쉽게 과제를 수합할 수 있다는 장점이 있습니다.

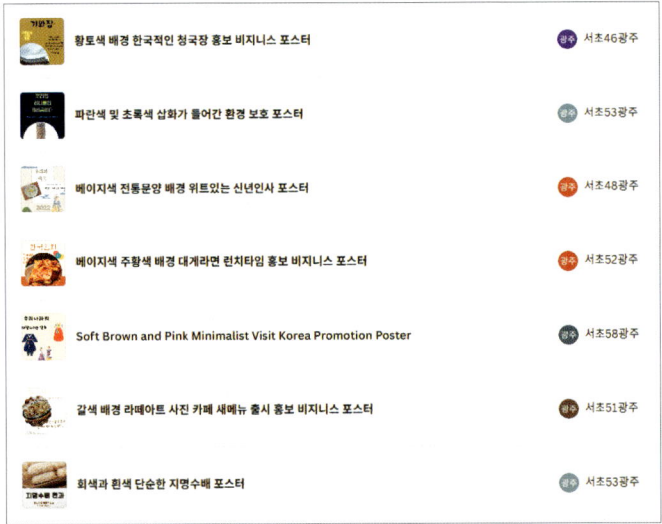

▲ 교사에게 보내기 기능으로 수합된 과제 목록

교사에게 보내기 기능은 학생 계정에서 활성화되기 때문에 학생 화면에서 따라 해보도록 하겠습니다.

01 ❶[파일]을 눌러 템플릿 이름을 학생 본인의 ❷[이름]으로 변경하도록 합니다. 이름을 변경하지 않으면 과제 수합 후 템플릿 이름으로 나오기 때문에 작품의 출처를 알 수 없습니다.

02 템플릿 편집 화면에서 우측 상단 ❶[교사에게 보내기]를 클릭합니다.

▲ 교사에게 보내기 클릭

03 과제를 보낼 ❶[교사]를 선택 후 ❷[보내기]를 클릭합니다.

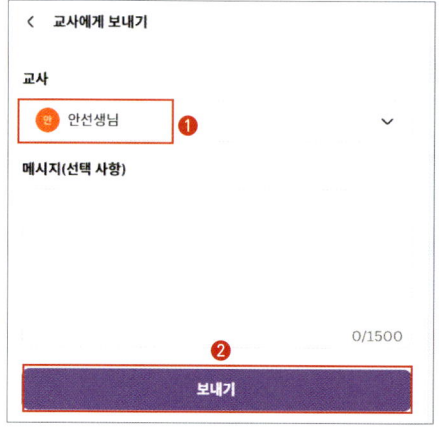

▲ 교사 선택 후 보내기 클릭

04 교사에게 보내기를 완료하면 Ⓐ[의견 기다리는 중]으로 바뀌게 됩니다. 이제 교사의 계정으로 접속 후 과제가 수합되었는지 확인해보도록 하겠습니다.

▲ 제출 완료

05 교사 계정 홈 화면 좌측 메뉴에서 ❶[수업 과제]를 클릭 후 ❷[검토 필요]를 선택합니다.

안쌤의 꿀팁 수업 과제 버튼은 교육자 인증을 받은 계정에서 활성화됩니다.

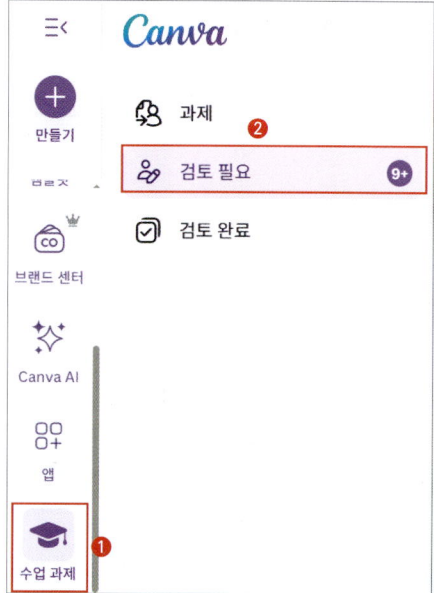

▲ 검토 필요 선택

06 수업 과제에 학생 작품이 제출된 것을 확인할 수 있습니다. 작품을 클릭하면 학생의 작품을 확인할 수 있고 실시간으로 편집을 도와줄 수 있습니다. (이 방법의 경우 주제별로 수합되지 않는 단점이 있습니다.)

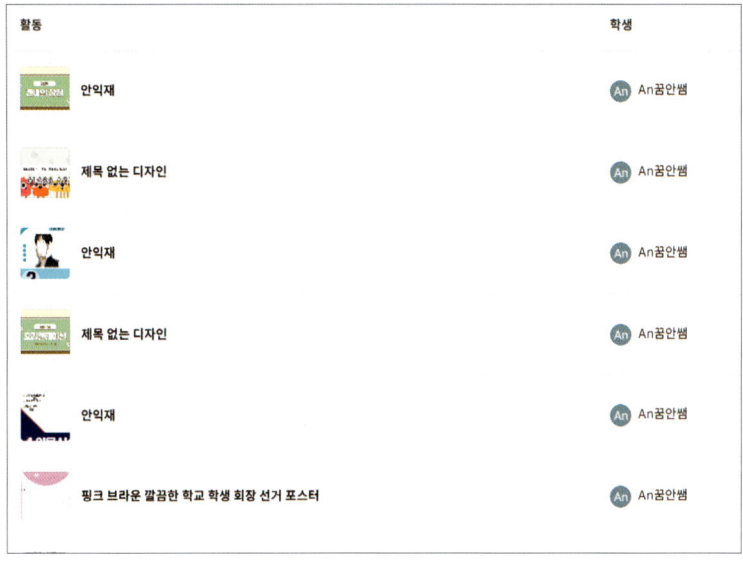

▲ 제출된 과제 확인

'교사에게 보내기' 기능은 작품 완성 후에만 사용하는 기능이 아닙니다. 이 기능은 처음부터 활성화되어 있기 때문에, 과제를 시작할 때 미리 제출해두면 교사가 학생의 작업에 실시간으로 접속해 편집을 도와줄 수 있습니다. 특히 저학년이나 디지털 사용이 익숙하지 않은 학생의 경우, 교사가 디자인 안으로 직접 들어가 도와줄 수 있어 수업의 흐름이 훨씬 매끄러워집니다.

과제 중심의 수합: '배정' 기능으로 지정된 활동을 개별 제출받기

'배정' 기능은 교사가 특정 템플릿이나 디자인을 학생에게 과제로 지정하고, 그 과제에 대해 개별적으로 제출을 받는 방식입니다. 이는 단순히 작업물을 보내는 '교사에게 보내기' 기능보다 한 단계 구조화된 수업 방식으로, 교사가 명확하게 과제를 제시하고, 그에 따라 학생들이 각자 자신의 사본을 편집해 제출하는 흐름을 가집니다. 66쪽에서 배운 템플릿 링크 기능을 과제로 생성하여 제출한다고 생각하면 되겠습니다.

▲ 배정 기능으로 수합한 주제 중심의 과제 목록

배정 기능을 활용하려면 먼저 수업을 생성해야 합니다.(우리 반 학생들만 캔바 학급 초대가 되어 있다면 수업 생성을 생략 후 따라하기 7번부터 진행하세요. 단, 전담교사일 경우 수업을 생성하여 반 또는 모둠을 구분하는 것이 좋습니다. 이 경우 따라하기 1번부터 따라하세요.)

01 캔바 홈 좌측 하단에 ❶[계정]을 누른 후 ❷[설정]을 클릭합니다.

▲ 설정 클릭

02 팀원 관리에서 ❶[수업]을 클릭합니다. (계정상태에 수업이 그룹으로 표시되어 있기도 합니다.)

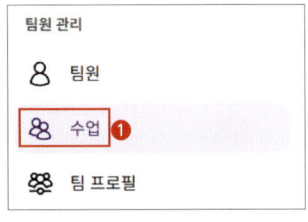

▲ 수업 클릭

03 우측상단에 ❶[수업 만들기]를 클릭합니다.

▲ 수업 만들기

04 ❶[수업 이름을 입력] 후 ❷[계속]을 클릭합니다.

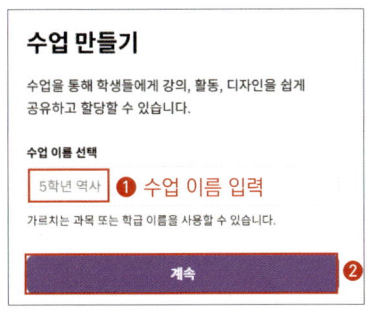

▲ 수업 생성하기

05 수업에 사용자를 초대합니다. (2장 학생 초대 방법을 참고하세요)

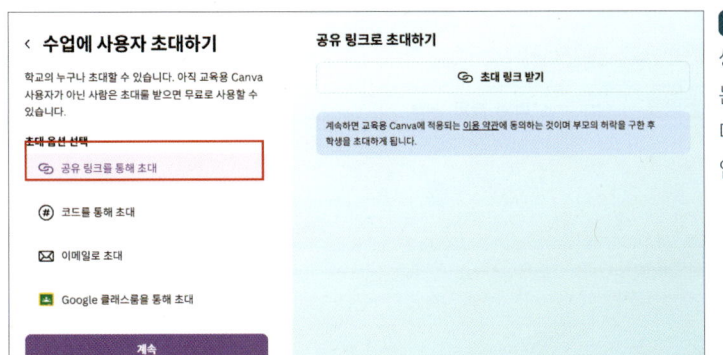

▲ 수업 생성하기

안쌤의 꿀팁 2장에서 배운 학생 초대를 했더라도 각 수업에는 학생을 다시 초대해야 합니다. 이 과정이 번거로울 경우 수업에 바로 초대해도 좋습니다.

06 생성된 수업을 확인합니다.

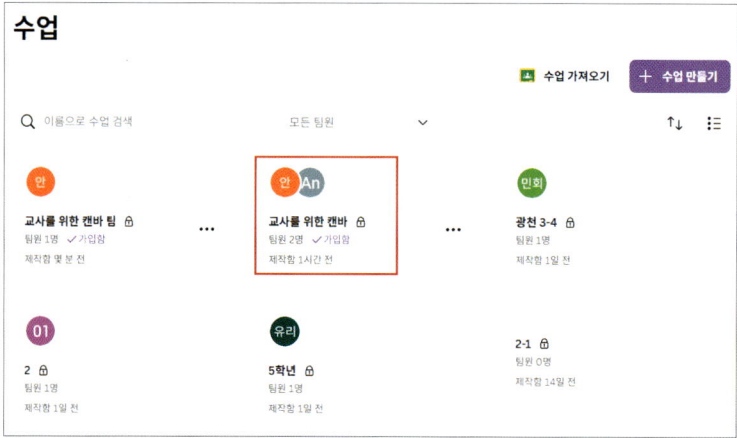

▲ 생성된 수업 목록

07 수업을 생성하였다면 과제를 출제해 보겠습니다. 학생에게 제공할 기본 템플릿 편집이 완료되었다면, ❶[파일]을 누른 후 ❷[파일의 제목]을 변경합니다. (파일명이 과제의 제목이 되어 수합되게 됩니다.)

▲ 파일 제목 변경

08 ❶[공유]를 클릭한 후 ❷[배정]을 클릭합니다.(계정에 따라 공유 아이콘 옆에 배정 아이콘이 있는 경우도 있습니다.)

▲ 배정 선택

09 공유 옵션을 ❶[Canva에서 학생에게 배정]으로 선택하고 ❷[계속]을 클릭합니다.

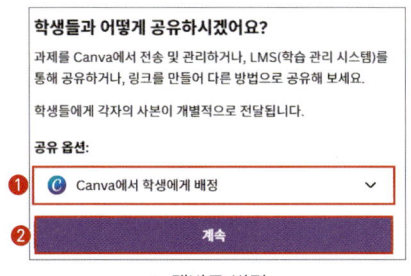

▲ 캔바로 변경

10 과제를 배정하고 싶은 수업을 선택합니다. ❶[교사를 위한 캔바] 수업을 검색 후 ❷과제를 배정하겠습니다.(선생님께서 생성한 수업의 이름으로 검색해주세요.)

안쌤의 꿀팁 우리 반 학생들만 초대되어 있다면 학교 이름을 선택하여 전체 공유할 수 있습니다.

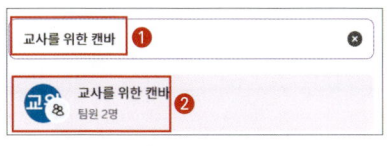

▲ 생성한 수업 선택

11 ❶[배정]을 클릭하면 과제배정이 완료됩니다. 학생 계정을 보며 과제가 배정되었는지 확인해 보도록 하겠습니다.

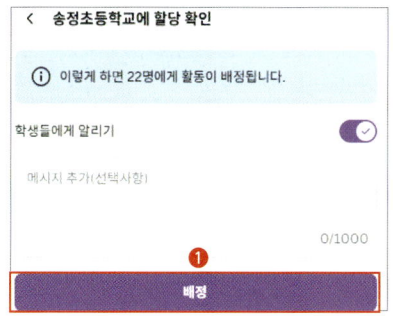

▲ 배정 후 과제출제 완료

12 학생 계정에서 확인해보겠습니다. 학생 계정 좌측 하단의 ❶[알림]을 클릭한 후 새 과제 알림을 확인합니다. ❷[새 과제 알림]을 클릭하면 과제 작업을 시작할 수 있습니다.

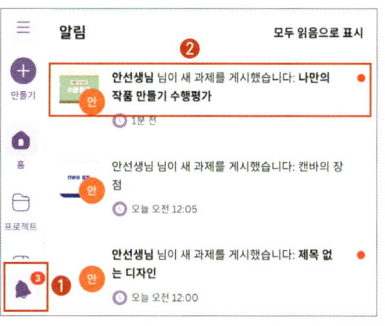

▲ 과제 알림 확인

13 학생이 작업을 마무리하면 우측 상단 ❶[교사에게 보내기]를 클릭하여 교사에게 과제를 제출합니다. 교사의 계정으로 돌아가 제출된 과제를 확인해 보겠습니다.

▲ 교사에게 보내기 클릭

14 캔바 홈 좌측 메뉴에서 ❶[수업 과제], ❷[과제], ❸[나만의 작품 만들기 수행평가]를 순서대로 클릭하여 과제를 확인합니다.

▲ 제출된 과제 확인

`안쌤의 꿀팁` 파일명으로 과제가 수합되며 주제별로 과제를 수합할 수 있는 장점이 있습니다.

15 학생들의 과제 제출 여부를 한눈에 확인할 수 있습니다. 학생이 과제를 제출했다면, 학생 작품에 접속하여 실시간으로 편집을 도와줄 수 있습니다.

▲ 제출된 과제 검토

`안쌤의 꿀팁` 학생들은 교사에게 보내기를 미리 눌러 교사가 검토할 수 있게 합니다. 그러면 교사는 언제든 학생 작품을 실시간으로 편집이 가능합니다.

수업의 목적이 '주제별 과제 관리'라면, 교사에게 보내기보다 배정 기능이 훨씬 더 효율적인 선택이 될 수 있습니다.

모둠·자유 활동 정리: '프로젝트 폴더'로 다양한 결과물 한 번에 정리하기

수업을 하다 보면 학생들에게 개별이 아닌 조별로 과제를 맡기거나, 형식이 정해지지 않은 자유 활동을 진행하는 경우가 많습니다. 제출 방식도 다양해지고, 결과물이 산발적으로 흩어지기 쉽습니다. 이럴 때 유용한 기능이 바로 '프로젝트 폴더'입니다. 여러 학생이 만든 작품을 하나의 폴더에 모아 정리할 수 있어, 조별 과제나 공개 발표용 결과물 관리에 매우 효과적입니다. 포스터, 영상, 카드뉴스 등 다양한 유형의 결과물이 섞여 있어도 프로젝트 폴더 하나로 통합 관리와 공유가 가능해집니다.

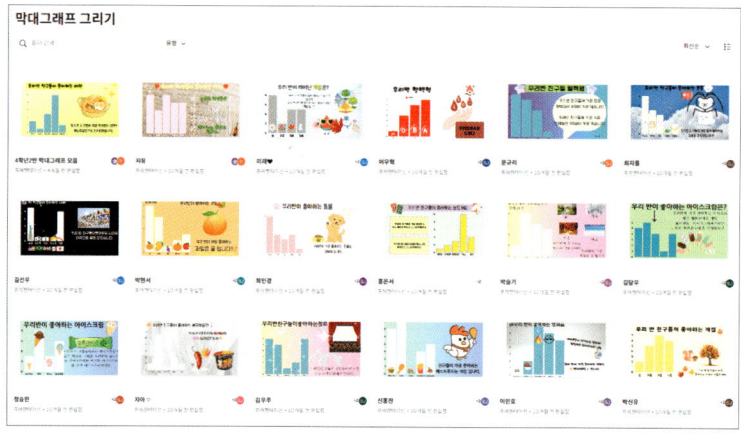

▲ 프로젝트 폴더에 수합된 학생 결과물

01 프로젝트에 학생들의 결과물을 수합하기 위해서는 폴더를 생성해야 합니다. 캔바 좌측 사이드바 또는 홈 화면에서 ❶[프로젝트]를 클릭합니다.

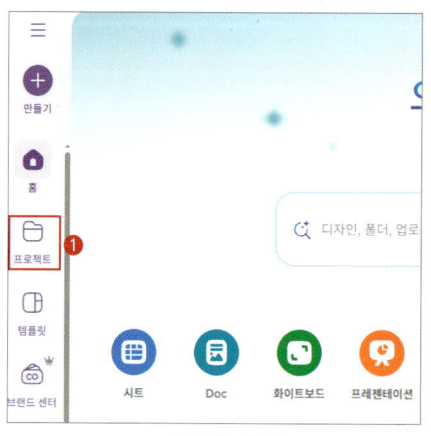

안쌤의 꿀팁 프로젝트는 사용자의 디자인, 파일, 폴더 등을 관리하는 공간입니다.

▲ 프로젝트 클릭

02 프로젝트에서 우측 ❶[새 항목 추가하기], ❷[폴더]를 클릭합니다.

▲ 폴더생성

03 ❶폴더 이름을 입력 후 ❷[공유되지 않음]을 클릭하여 ❸[편집가능]으로 바꿔주세요. ❹[계속]을 클릭합니다. (공유하고 싶은 수업이나, 팀원이 있다면 따로 입력해주세요.)

안쌤의 꿀팁 프로젝트 폴더를 학생들과 공유할 때는 [편집 가능] 권한으로 설정해야 학생들이 직접 결과물을 업로드하거나 저장할 수 있습니다.

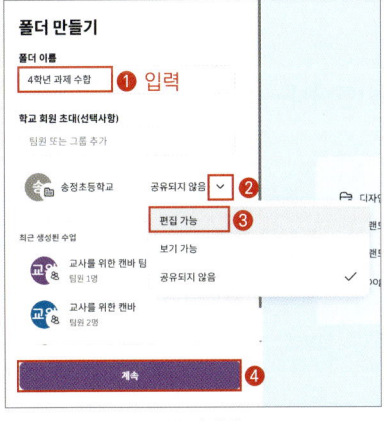

▲ 폴더생성

04 폴더 항목에 Ⓐ[4학년 과제 수합 폴더]가 생긴 것을 확인할 수 있습니다. 이 폴더에 학생들이 자료를 업로드하게 됩니다. 이제 학생 계정으로 접속하여 자료를 업로드 해보도록 하겠습니다.

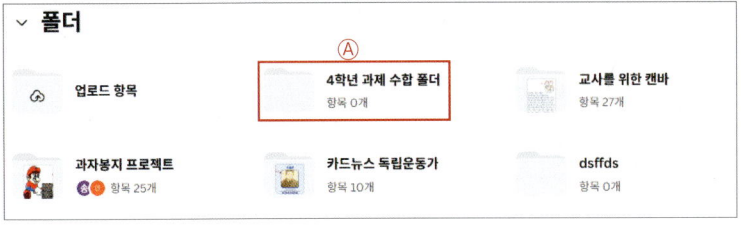

▲ 생성된 폴더

05 학생들 계정에서 프로젝트로 접속하면 하단 이미지처럼 폴더가 공유되어 있는 것을 확인할 수 있습니다. ❶[4학년 과제 수합 폴더]를 클릭합니다.

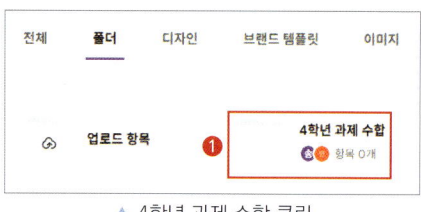
▲ 4학년 과제 수합 클릭

06 우측 상단에서 ❶[새 항목 추가], ❷[디자인]을 클릭합니다.

▲ 디자인 클릭

07 ❶[새로 만들기]를 클릭합니다.

▲ 새로 만들기 클릭

안쌤의 꿀팁 디자인 선택을 클릭하면 기존에 만들었던 템플릿을 업로드할 수 있습니다. 상황에 맞게 사용해보세요.

08 원하는 템플릿을 선택하고 작업을 시작합니다. ❶[하단에 제목 없는 브랜드 템플릿]을 선택해보겠습니다.

▲ 템플릿 선택

09 폴더에 모인 작품은 처음엔 템플릿 초기 이름으로 저장되기 때문에, 제작자를 쉽게 파악하려면 폴더 안에서 각 파일 이름을 학생 이름으로 변경해두는 것이 좋습니다. ❶[파일]을 클릭 후 ❷[이름을 변경]합니다.

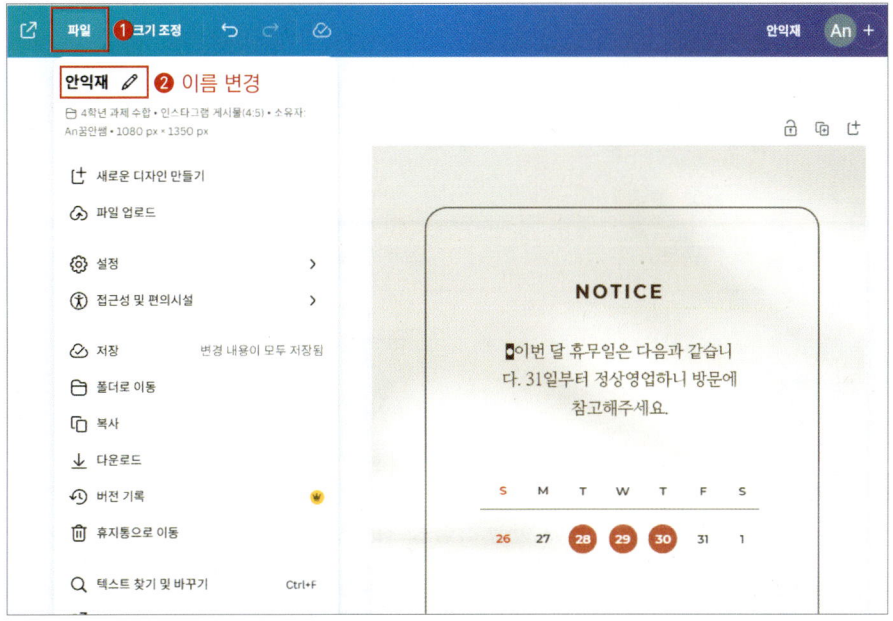

▲ 과제의 이름 변경

10 프로젝트 폴더에 학생의 이름으로 과제가 수합된 것을 확인할 수 있습니다.

▲ 프로젝트에 생성된 학생의 작품

2장 캔바 기능을 활용한 학생 참여형 수업 만들기 83

11 모든 학생들이 해당 과정을 진행하면 다음과 같이 작품이 수합되게 되고, 교사는 작품을 클릭하여 실시간으로 협업을 진행할 수 있습니다.

▲ 프로젝트에 모인 학생들의 자료

지금까지 프로젝트 폴더를 활용해 학생 작품을 업로드하고 정리하는 방법을 살펴보았습니다. 프로젝트 폴더는 다양한 형식의 결과물을 한곳에 모아 체계적으로 정리할 수 있다는 점에서, 조별 과제나 자유 활동, 발표용 콘텐츠 관리에 매우 유용한 기능입니다. 하지만 반대로, 공유 권한이 '편집 가능'으로 설정되면 학생들이 서로의 작품을 수정하거나 삭제할 수 있기도 합니다. 따라서 사용 목적에 따라 권한을 적절히 조정하고, 모든 학생들이 템플릿을 생성한 것이 확인되었다면 '보기 가능'으로 변경하여 다른 학생들의 작품을 편집하지 못하도록 하는 것이 좋습니다.

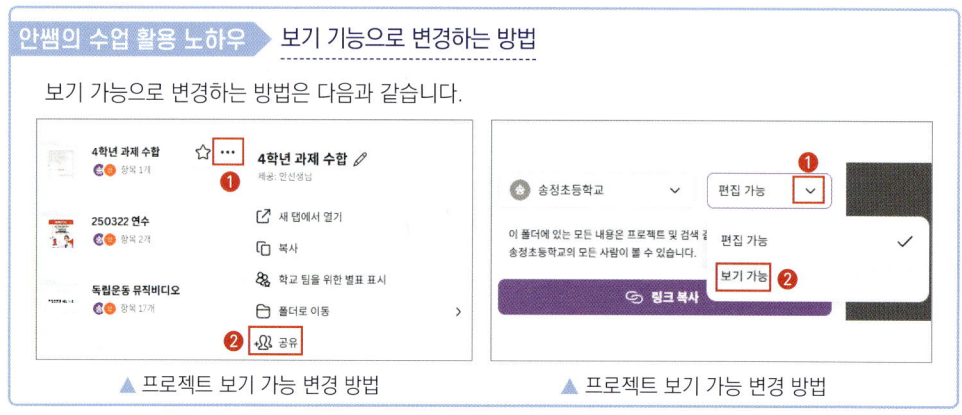
▲ 프로젝트 보기 가능 변경 방법　　▲ 프로젝트 보기 가능 변경 방법

2-4 집중도 200%! 즐거운 프레젠테이션 수업 만들기

발표 수업, 아직도 슬라이드 넘기기만 하시나요? 캔바의 프레젠테이션 기능은 그 이상입니다. 학생들의 발표 집중도를 높이고, 발표하는 학생도 더욱 자신 있게 발표할 수 있도록 다양한 인터랙티브 기능과 발표 도구를 제공합니다. 지금부터 학생들의 몰입도를 높이고, 참여형 수업을 만드는 방법을 알아보도록 하겠습니다.

타이머 기능으로 발표 집중도 높이기

발표 시간이 길어지면 듣는 학생들의 집중도는 자연스럽게 떨어지기 마련입니다.

캔바의 타이머 기능을 활용하면, 발표 시간에 긴장감과 리듬을 더할 수 있어 발표 수업이 훨씬 생동감 있게 진행됩니다.

▲ 캔바 타이머

안쌤의 꿀팁 타이머는 단순 발표뿐 아니라 팀별 미션 활동, 수업 게임, 발표 리허설 등 모든 시간 제한 활동에 유용하게 활용할 수 있어요.

01 타이머를 활용하기 위해서 전체 화면 프레젠테이션을 시작합니다. 템플릿 편집 화면의 우측 하단에 ❶[전체 화면 프레젠테이션] 단축키를 클릭합니다.

▲ 전체 화면 프레젠테이션 단축키 클릭

02 프레젠테이션 화면에서 우측 하단 ❶[점 3개]를 클릭하고, ❷[타이머 보기]를 클릭합니다.

안쌤의 꿀팁 숫자 키패드에서 원하는 숫자(예 3, 5)를 바로 누르면 해당 시간의 타이머가 자동으로 실행됩니다.

▲ 타이머 보기 클릭

03 타이머 기능이 활성화되었습니다. 해당 옵션을 살펴보겠습니다.

❶ 타이머가 시작될 때 나올 배경음악을 선택할 수 있습니다.
❷ 배경음악의 볼륨을 자유롭게 조절할 수 있습니다.
❸ 타이머를 숨길 수 있습니다.
❹ 타이머의 시간을 조절할 수 있습니다.
❺ 설정이 완료되면, 타이머를 시작하여 발표를 진행할 수 있습니다.

▲ 타이머 설정

타이머 기능은 발표 수업에 자연스러운 긴장감을 더해줍니다. 시간을 시각적으로 인식하게 해주어 학생들의 집중력과 발표 몰입도를 높이는 데 효과적이에요. 수업에 꼭 한번 활용해보세요.

수업을 도와주는 '매직 단축키'

수업이나 발표 중 갑자기 집중이 흐트러질 때, 혹은 학생들의 시선을 한 번에 집중시키고 싶을 때, 힘들이지 않고 교실 분위기를 바꿔주는 비밀 무기, 바로 매직 단축키입니다.

캔바 프레젠테이션 모드에서는 매직 단축키를 사용할 수 있어 수업의 흐름을 매끄럽게 조율하고, 학생들의 집중력을 자연스럽게 끌어올릴 수 있습니다.

01 프레젠테이션이 시작되면 좌측 하단 ❶[매직 단축키] 아이콘을 클릭하면 Ⓐ[매직단축키 옵션]을 확인할 수 있습니다.

▲ 매직단축키

[안쌤의 꿀팁] 옵션 옆에 있는 알파벳은 키보드 단축키입니다. 키보드 단축키로 빠르고 편리하게 사용해보세요.

02 가장 자주 사용하는 옵션을 클릭한 모습을 살펴보겠습니다.

 흐리기	실행과 동시에 화면이 흐리며 화면의 내용을 볼 수 없습니다. 발표를 잠시 멈추거나, 발표 시작 전 중요한 내용을 가리는 용도로 사용할 수 있습니다.
 조용히	쉿, 소리가 나며 조용히 하라는 제스쳐를 취하는 이모티콘이 실행됩니다. 학생들이 집중하지 않을 때 사용하면 좋습니다.

 커튼	커튼이 닫히는 모션이 실행됩니다. 발표 종료 시 사용하면 좋습니다.
 드럼소리	드럼 소리가 함께 실행됩니다. 결과 발표, 수상 발표에 사용하면 기대감을 줄 수 있습니다.

매직 단축키는 발표 수업의 분위기를 전환하고, 학생들의 몰입도를 높이는 작지만 강력한 도구입니다.

간단한 단축키 하나로 교실의 흐름을 조율할 수 있으니, 발표 수업에 생동감을 더하고 싶다면 꼭 한 번 활용해보세요

캔바 라이브로 교실 소통 ON!

발표 수업이 일방향으로만 흐르면, 발표자는 부담을 느끼고 다른 학생들은 금세 흥미를 잃기 마련입니다.

이럴 때 발표를 모두가 함께하는 쌍방향 활동으로 바꿔주는 기능이 바로 라이브 세션입니다. 라이브 세션을 활용하면 학생들이 발표 중 실시간으로 질문하고, 반응을 보내고, 퀴즈에 참여할 수 있어 발표자가 자신감을 얻고, 청중도 적극적으로 수업에 몰입할 수 있습니다.

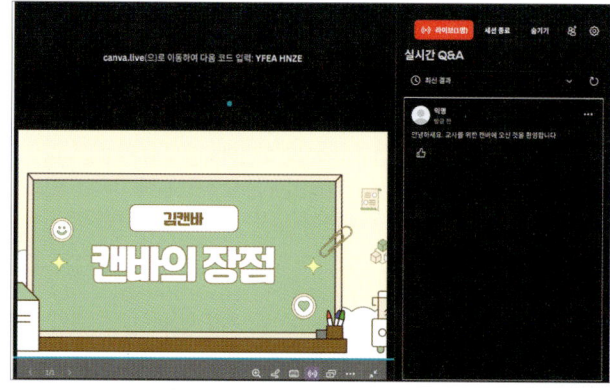

▲ 캔바 라이브

01 프레젠테이션 창에서 ❶[Canva 라이브를 통한 대화형 Q&A]를 클릭합니다.

▲ Canva 라이브를 통한 대화형 Q&A

02 ❶[새 세션 시작하기]를 클릭합니다.

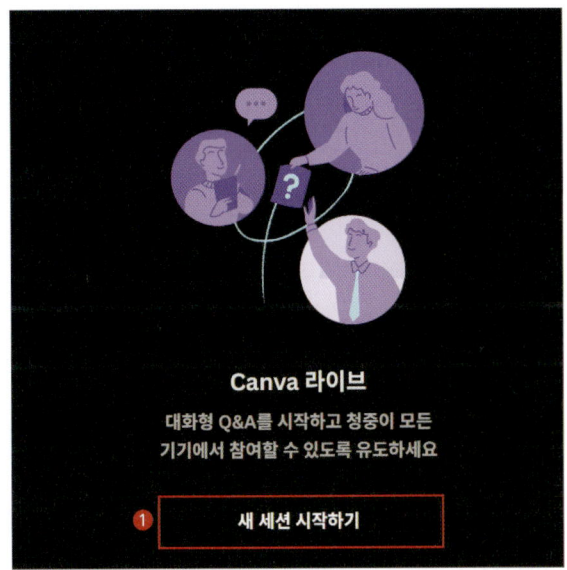

▲ 새 세션 시작하기

03 ❶[초대장 복사]를 클릭합니다. 복사된 초대 링크를 학생들에게 공유합니다.

▲ 초대장복사

안쌤의 꿀팁 캔바 라이브는 QR코드를 제공합니다. 상단에 접속 QR코드를 활용해보세요.

04 초대 링크로 접속하면 질문을 남길 수 있는 대화창이 생성됩니다. ❶[닉네임]을 작성 후 발표에 관한 ❷[질문을 입력]합니다. ❸[보내기]를 눌러 질문을 전송합니다.

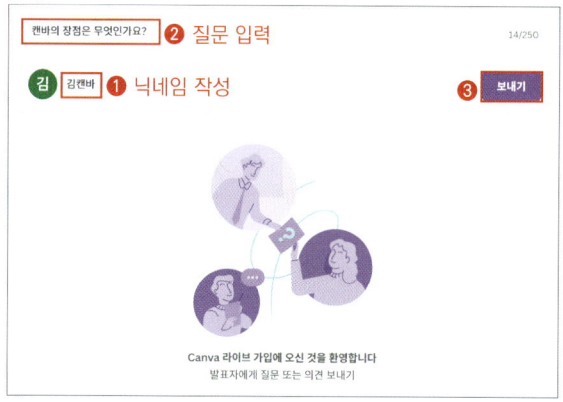

▲ 질문 입력 후 보내기

> **안쌤의 수업 활용 노하우** ▶ 라이브 세션 200% 사용법 1
>
> 라이브 세션에서는 닉네임을 입력하도록 되어 있어 실명이 노출되지 않기 때문에, 학생들이 좀 더 솔직하고 자유롭게 질문을 남길 수 있습니다. 다만, 익명성이 오용될 우려가 있다면, 닉네임 대신 이름이나 학번, 조 이름 등으로 작성하도록 미리 안내해 주세요. 이렇게 하면 자율성과 책임감을 동시에 유지할 수 있습니다.

05 Canva 실시간 라이브에 Ⓐ해당 질문이 올라온 것을 확인할 수 있습니다.

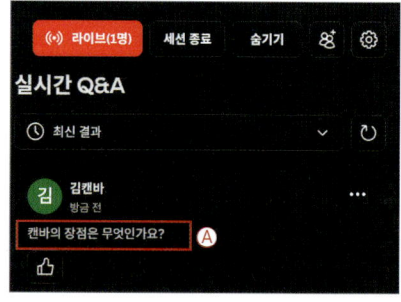

▲ 실시간 대화

06 ❶[질문]을 클릭하면 Ⓐ[화면 가운데 확대]하여 볼 수 있습니다.

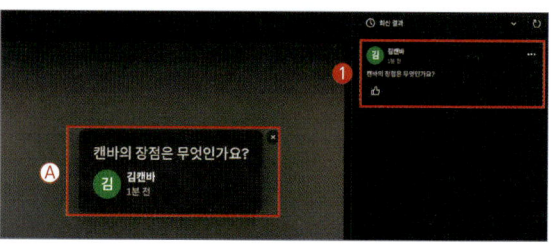

▲ 질문 확대

07 ❶[좋아요]를 클릭하여 다른 학생의 질문에 좋아요 표시를 할 수 있습니다.

▲ 좋아요 기능

> **안쌤의 수업 활용 노하우** ▶ 라이브 세션 200% 사용법 2
> 라이브 세션에서는 학생들이 서로의 질문에 '좋아요(👍)'를 눌러 공감 표시를 할 수 있습니다.
> 좋아요를 많이 받은 질문은 추가 점수를 부여하거나, 발표자가 직접 답변하는 시간으로 연결해보세요.
> 이렇게 하면 질문 참여도 활발해지고, 수업의 집중도와 상호작용도 자연스럽게 높아집니다.

08 ❶[세션 종료]를 누르면 Canva라이브가 종료되며, ❷[숨기기]를 클릭하면 잠시 대화 창이 사라지며 프레젠테이션에 집중할 수 있습니다.

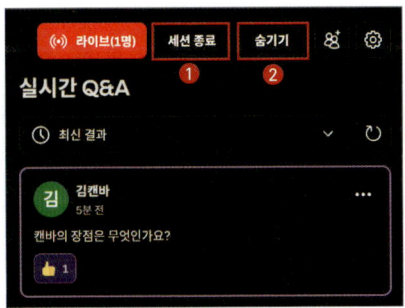

▲ 세션 종료 및 숨기기

> **안쌤의 수업 활용 노하우** ▶ 라이브 세션 200% 사용법 3
> 프레젠테이션 중간에 라이브 세션을 활용해 학생 참여와 반응을 유도한 후, [숨기기] 버튼을 눌러 잠시 Q&A 창을 감추면 시선이 다시 발표 화면으로 자연스럽게 집중됩니다. 이렇게 하면 참여와 몰입 사이의 균형을 유지하면서도 발표 흐름을 끊지 않고 이어갈 수 있어요!

라이브 세션 기능은 단순한 발표를, 모두가 함께하는 참여형 수업으로 바꿔줍니다. 질문, 반응, 실시간 소통이 어우러지며 발표자는 자신감을 얻고, 청중은 수동적 듣기에서 벗어나 능동적인 참여자로 변화하게 됩니다.

발표 수업에 활력을 더하고 싶다면, 지금 바로 라이브 세션을 활용해보세요

3장
손끝으로 부리는 마법, 캔바 AI의 세계

"이 정도면 마법 아닌가요?" 캔바를 쓰다 보면 누구나 한 번쯤 이렇게 말하게 됩니다. 사진 속 인물을 클릭 한 번으로 잘라내고, 글 몇 줄만 입력하면 보고서 제목이 뚝딱 완성되며, 배경을 바꾸고, 심지어 AI가 사진을 편집해주는 기능까지! 이 모든 기능을 가능하게 하는 주인공은 바로 캔바 속 인공지능(AI)입니다. 복잡한 설치 없이, 따로 학습할 필요도 없이, 클릭 몇 번으로 수업 준비와 학습 활동이 훨씬 간편해지죠. 이 장에서는 캔바에서 제공하는 Magic Write, 이미지 편집 AI, 생성형 이미지, 영상 제작, 상품 이미지 생성까지 총 5가지 AI 기능을 하나씩 알아보며 교실 수업과 창작 활동에 어떻게 녹여낼 수 있는지 실제 예시와 함께 살펴봅니다. 이제, 손끝으로 부리는 마법 같은 경험, 직접 시작해볼까요?

3-1
GPT가 캔바에?
Magic Write로 글쓰기 시작!

수업 자료를 만들다 보면 간단한 소개 문구나 활동 설명 한 줄이 막힐 때가 있습니다. 그럴 땐 Magic Write를 활용해보세요. 몇 개의 단어만 입력하면 캔바 안에서 바로 문장이 완성되어, 자료 제작 속도가 훨씬 빨라집니다.

▲ Magic Write

어버이날 편지 쓰기를 어려워하는 학생들을 위해 Magic Write를 활용하여 편지 예시문을 생성해보도록 하겠습니다.

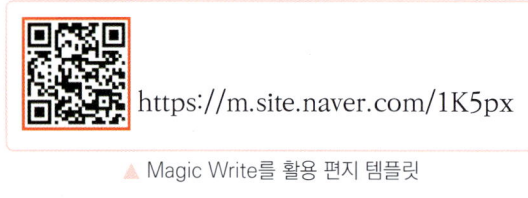

▲ Magic Write를 활용 편지 템플릿

01 캔바 템플릿 검색에 ❶[어버이날 편지지]를 검색하고 결과 중 첫 번째 ❷[템플릿]을 선택해보겠습니다.

▲ 어버이날 편지지 선택

02 템플릿을 선택 후 ❶[Canva AI에게 물어보기]를 클릭합니다.

▲ Canva AI에게 물어보기

> 안쌤의 수업 활용 노하우 ▶ Macic Write 기능 활용법
>
> Magic Write 기능은 기본적으로 교사 계정(교육자 인증 계정)에서만 사용할 수 있는 AI 도구입니다. 권한 허용을 하지 않으면 학생 계정에서는 사용할 수 없기 때문에, 교사가 미리 작성한 문장을 예시로 보여주거나 활동지에 활용하는 방식으로 수업에 적용해보세요.

03 ❶프롬프트를 입력하고 ❷[제출하기]를 클릭합니다. (어버이날 편지 쓰기를 어려워하는 학생들을 위해 예시문을 만들 수 있는 프롬프트를 입력해보겠습니다.)

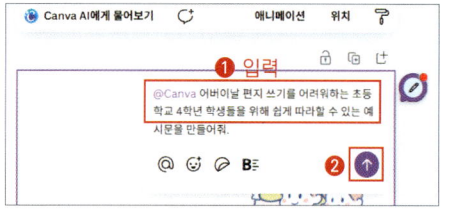

▲ 프롬프트 입력

안쌤의 꿀팁 프롬프트(Prompt)란 AI에게 어떤 작업을 하도록 요청하는 입력 문장을 말합니다.

04 생성된 예시문 중 마음에 드는 내용을 클릭하여 삽입합니다.

안쌤의 꿀팁 생성된 결과물이 마음에 들지 않는다구요? '이대로도 좋지만'을 활용해보세요. 추가적인 프롬프트를 작성하여 내용을 수정할 수 있습니다.

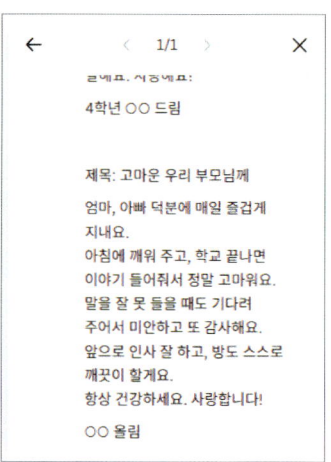

▲ 생성된 예시문

05 Magic Write가 작성한 글이 삽입되었습니다. 조금 더 수정해볼까요? ❶[텍스트]를 클릭하고 ❷[Magic Write]를 클릭합니다.

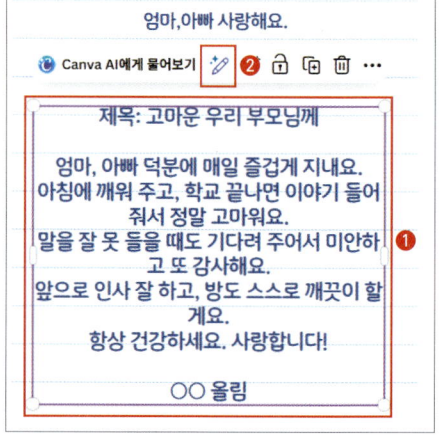

▲ 글 수정하기

06 글을 조금 더 격식 있게 바꿔보겠습니다. ❶[더 격식 있게]를 클릭합니다.

> **안쌤의 꿀팁** 더 격식 있게 이외에도 활용할 수 있는 옵션이 다양합니다. 상황에 맞게 활용해보세요.

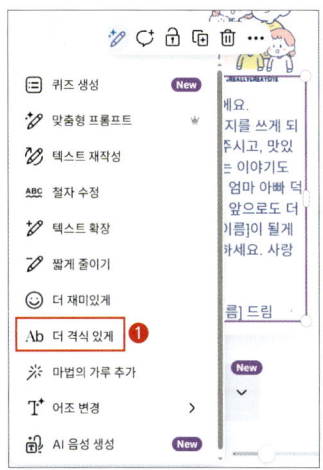

▲ Magic Write 추가 옵션

07 더 격식 있게 글이 재작성 되었습니다. ❶[바꾸기]를 클릭하면 글이 수정됩니다.

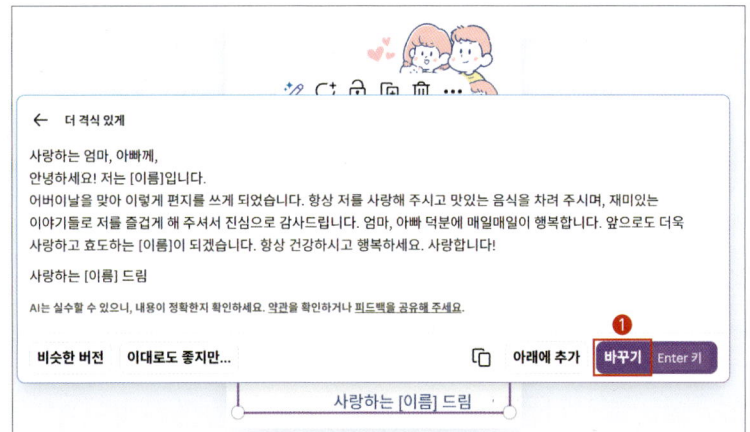

▲ 더 격식 있게 옵션

안쌤의 수업 활용 노하우 ▶ Macic Write 수업 준비 활용 방법

Magic Write는 단순한 글쓰기 도우미가 아니라, 수업을 더 쉽고 풍부하게 만들어주는 아이디어 생성 도구입니다. 프롬프트만 잘 쓰면, 수업 준비 시간이 절반으로 줄어들 수도 있습니다. 간단한 키워드만으로도 Magic Write는 생각보다 훨씬 다양한 수업 아이디어를 제공해주니 부담 없이 사용해보세요.

학생 글쓰기 예시 만들기	어버이날 편지, 감사 카드, 캠페인 포스터 문구
활동지 문장 초안 생성	글쓰기 도입 문장, 다양한 입장 표현, 문학 소개글
수업 자료 문구 제작	학습 목표 안내, 단원 요약, 활동 설명 문장
학급 홍보 콘텐츠 구성	행사 포스터 제목, 방과후 안내 문구, 학급신문 문장
학생 발표문 예시 제공	발표 도입부, 주장 펼치기 말머리, 뉴스 멘트 구성

3장 손끝으로 부리는 마법, 캔바 AI의 세계

안쌤의 미니특강_ 학생 계정에서 AI기능을 사용하게 하려면?

Magic Write, Canva AI, Canva code 등 캔바에는 다양한 AI 기능이 있습니다. 하지만 AI 기능은 학생들 계정에서는 사용할 수 없게 설정되어 있습니다. 교사가 권한을 허용하면 학생들도 AI 기능을 사용할 수 있습니다. 허용하는 방법을 알아볼까요?

01 캔바 홈 화면에서 ❶[계정], ❷[설정]을 클릭합니다.

▲ 설정 클릭

02 ❶[사용 권한], ❷[Magic 및 AI]를 클릭합니다. ❸허용하고 싶은 AI기능을 클릭 후 권한을 [모든 사람]으로 바꿔줍니다.

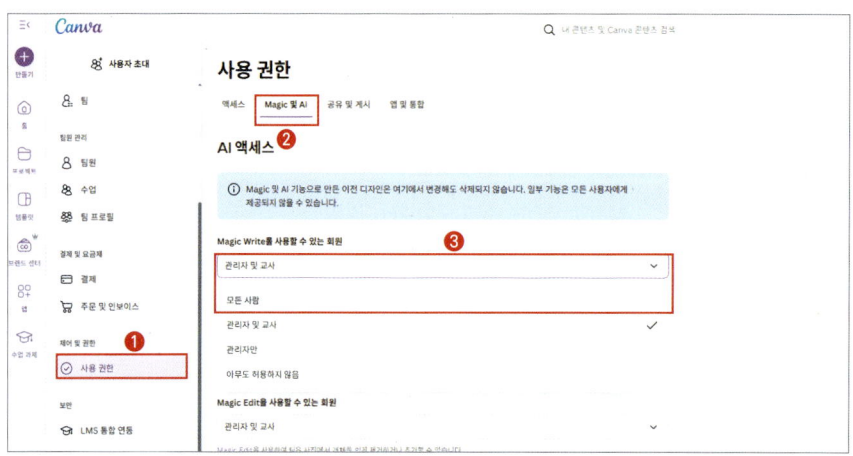

▲ 사용권한 클릭

권한을 모든 사람으로 바꾸었기 때문에 학생들도 캔바의 AI 기능을 사용할 수 있습니다.

3-2 사진 편집은 이제 AI에게 맡겨요. 이미지 편집의 6가지 마법사

사진 편집, 아직도 일일이 자르고 지우고 계신가요? 이제 그런 수고는 캔바 AI에게 맡겨 보세요. 클릭 한 번으로 배경을 없애고, 불필요한 부분을 쏙 지우고, 원하는 대상을 콕 집어 낼 수 있습니다. 복잡한 포토샵 기술 없이도 누구나 쉽고 빠르게 결과를 만들어낼 수 있는, 바로 지금이 교실 속 디자인의 마법 시대입니다. 이 장에서는 캔바의 이미지 마법사 기능들을 활용해 수업 자료와 학생 결과물을 한층 더 깔끔하고 매력적으로 만드는 방법을 알아봅니다.

https://m.site.naver.com/1K5tV

▲ 실습 따라하기 템플릿

클릭 한 번으로! '배경 제거'

사진에서 배경만 쏙 빼고 싶을 땐? 클릭 한 번이면 끝! 복잡한 도구 없이도 배경을 자동으로 제거해주는 기능입니다. 학생 작품을 살펴봅시다. 떡국 사진의 배경이 없다면 훨씬 깔끔한 포스터가 제작되겠지요? 배경을 없애보도록 하겠습니다. (배경 제거를 하고 싶은 사진을 추가하여 따라하셔도 좋습니다.)

▲ 배경 제거가 필요한 떡국 사진

01 ❶[떡국 사진], ❷[배경 제거]를 클릭합니다.

▲ 배경 제거

02 배경 제거가 완료되었습니다. 혹시 내가 배경 제거 부분이 마음에 들지 않는다면 ❶[배경 제거가 완료된 이미지]를 다시 누른 후 ❷[배경 제거]를 클릭합니다.

▲ 배경이 사라진 떡국 이미지

03 배경 제거 창이 활성화 되었습니다. ❶[지우기]를 선택한 뒤 브러시로 원하는 부분을 문질러주면 세밀하게 더 지울 수 있고, ❷[복원하기]를 누르면 지워졌던 영역도 다시 되살릴 수 있습니다.

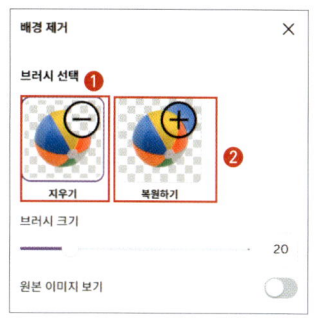

▲ 지우기 및 복원하기

안쌤의 꿀팁 인공지능은 빠르고 편리하지만 항상 완벽하진 않습니다. 배경이 완전히 지워지지 않거나 필요한 부분까지 지워질 수 있으니, '지우기'와 '복원하기' 기능을 활용해 세밀하게 추가 작업해보세요. 간단한 브러시 조작만으로 원하는 결과를 손쉽게 완성할 수 있습니다.

배경 제거 기능은 디자인을 더 섬세하게 다듬고, 불필요한 요소를 정리하는 데 매우 유용합니다. 학기 초 학생 얼굴 사진을 누끼 따서 명찰을 만들거나, 활동지에 학생 얼굴을 넣어 꾸미기 자료로 활용하는 등 교실 속 활용도는 무궁무진합니다. 한 번만 클릭하면 끝나는 간편함 덕분에, 수업 자료부터 학생 결과물까지 훨씬 깔끔하고 완성도 있게 만들 수 있습니다. 수업에 꼭 한 번 활용해 보세요!

밋밋한 사진에 배경 추가하기 '배경 생성'

사진은 괜찮은데 배경이 너무 밋밋하게 느껴질 때가 있죠? 그럴 땐 '배경 생성' 기능을 활용해보세요. 단어 몇 개만 입력하면, 사진 분위기에 어울리는 배경을 AI가 알아서 채워줍니다. 빈 공간을 자연스럽게 메우고, 이미지에 생동감을 더해주는 아주 똑똑한 기능입니다.

▲ 배경 생성

01 템플릿 편집 창 좌측 메뉴 앱에서 ❶[사진]을 클릭합니다. ❷[강아지]라고 검색 후 ❸[강아지 사진]을 클릭합니다.

> **안쌤의 꿀팁** 사진 앱이 보이지 않는다면, 왼쪽 도구 메뉴에서 [앱]을 눌러 사진 앱을 먼저 연동해 주세요.

▲ 강아지 사진 검색

02 ❶[강아지 사진], ❷[편집]을 클릭합니다.

▲ 편집 클릭

03 Magic Studio에서 ❶[배경 생성]을 클릭합니다.

▲ 배경 생성

04 생성하고 싶은 배경을 설명하는 ❶[프롬프트를 입력]합니다. ❷[생성하기]를 클릭합니다.(Ⓐ[랜덤 생성]을 클릭하면 자동으로 다양한 아이디어를 추천해줍니다.)

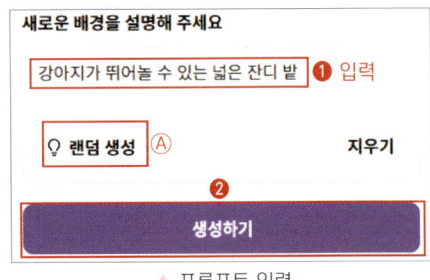

▲ 프롬프트 입력

> **안쌤의 꿀팁** 프롬프트는 구체적일수록 더 정확하고 만족스러운 결과를 얻을 수 있습니다. 상세한 상황이나 특징을 함께 입력해보세요. AI가 훨씬 더 정교한 이미지를 만들어줍니다.

05 AI가 그린 4가지의 이미지 중 원하는 이미지를 클릭하여 사용합니다. 결과가 마음에 들지 않는다면 ❶[다시 생성하기]를 클릭합니다.

▲ 생성된 배경 이미지

06 완성된 이미지를 확인합니다.

▲ 완성된 이미지

대상만 쏙! 'Magic Grab'

사진 속에서 필요한 대상만 쏙 뽑아내고 싶을 때, Magic Grab 기능을 사용해보세요. 클릭 한 번으로 인물이나 사물만 정확히 분리해낼 수 있어, 원하는 요소만 따로 활용하거나 디자인을 새롭게 구성할 때 아주 유용한 기능입니다.

▲ Magic Grab

01 캔바 템플릿 편집 화면 좌측 메뉴에서 ❶[사진]을 클릭한 후 검색창에 ❷[운동]이라고 검색 후 ❸[두 번째 이미지]를 선택해보겠습니다.

▲ 원하는 이미지 검색

02 ❶[사진], ❷[편집], ❸[Magic Grab]을 클릭합니다.

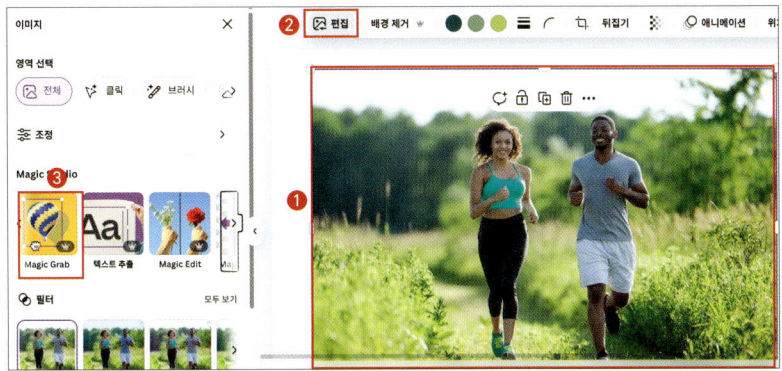

▲ magic Grab 클릭

03 ❶[추출할 개체(사람)]을 클릭한 후 ❷[추출하기]를 클릭합니다.

▲ 추출하기

04 이미지의 배경에서 선택했던 대상이 추출된 것을 확인할 수 있습니다. 추출 후에는 배경과 이미지를 따로 사용할 수 있습니다.

▲ 배경과 분리된 대상

사진 속 글씨만 뽑아내기 '텍스트 추출'

이미지 속 글자를 그대로 활용해보고 싶었던 적 있으신가요? '텍스트 추출' 기능을 사용하면 사진이나 그림에 포함된 텍스트를 손쉽게 뽑아낼 수 있습니다. 더 이상 일일이 타이핑하지 않아도 되어, 자료 정리나 학습지 제작이 훨씬 빠르고 간편해집니다.

▲ 텍스트 추출

01 템플릿 편집 화면 좌측 메뉴 ❶[사진]을 클릭한 후 검색창에 ❷[텍스트]라고 검색합니다. ❸네 번째 보이는 이미지를 선택해보겠습니다.

▲ 텍스트 추출할 사진 검색

02 ❶[이미지], ❷[편집], ❸[텍스트 추출]을 클릭합니다.

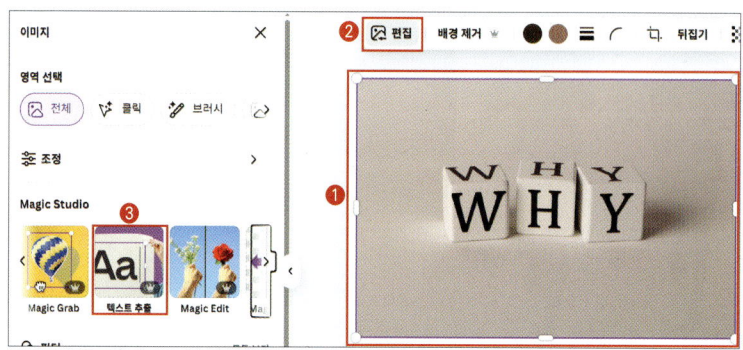

▲ 텍스트 추출

03 ❶[모든 텍스트]를 선택하고 ❷[추출하기]를 클릭합니다.

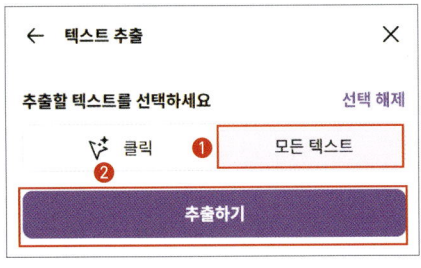

▲ 추출하기

04 이미지 속 텍스트가 추출된 것을 확인합니다.

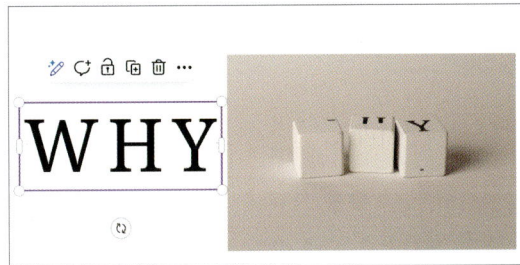

▲ 추출된 텍스트

> **안쌤의 꿀팁** 추출된 글은 복사해서 자료에 붙여 넣을 수 있지만, 이미지 내에서 직접 편집할 수 있는 건 아닙니다. 주로 포스터나 안내문처럼 글자가 포함된 이미지를 자료화할 때 유용합니다.

원하는 이미지로 바꾸기 'Magic Edit'

사진 속 일부만 바꾸고 싶었던 적 있으신가요? 'Magic Edit' 기능을 사용하면 이미지를 통째로 다시 만들 필요 없이 원하는 부분만 선택해 다른 모습으로 손쉽게 바꿀 수 있습니다. 지우고 싶은 부분을 드래그하고, 어떤 모습으로 바꾸고 싶은지 텍스트로 입력하면 AI가 자연스럽게 편집해줍니다.

▲ Magic Edit

01 템플릿 편집 화면 좌측 메뉴 ❶[사진]을 클릭한 후 검색창에 ❷[학교]라고 검색합니다. ❸첫 번째 보이는 이미지를 선택해보겠습니다.

▲ 사진 검색

02 ❶[이미지], ❷[편집], ❸[Magic Edit]를 클릭합니다.

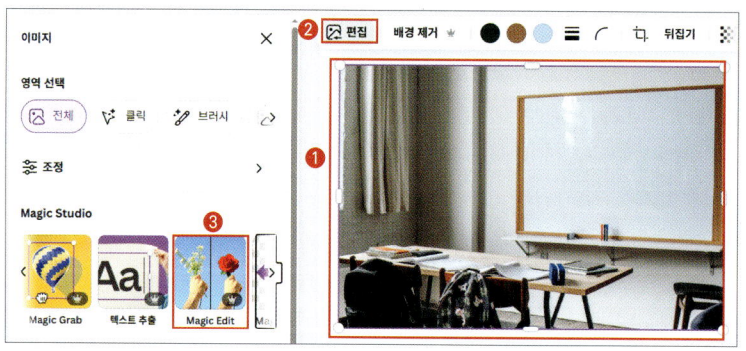

▲ Magic Edit 클릭

03 ❶편집하고 싶은 영역을 브러쉬로 칠해줍니다. 그리고 어떻게 편집하면 좋을지 ❷[프롬프트]를 입력하고 ❸[생성하기]를 클릭합니다.

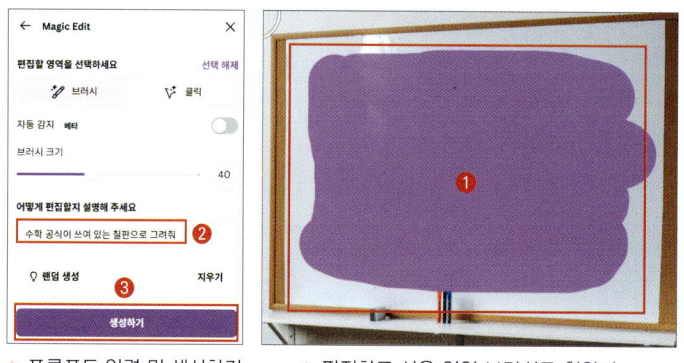

▲ 프롬프트 입력 및 생성하기   ▲ 편집하고 싶은 영역 브러쉬로 칠하기

04 생성된 4개의 이미지 중 마음에 드는 이미지를 선택합니다. 여기서는 ❶세 번째 이미지를 클릭해보겠습니다.

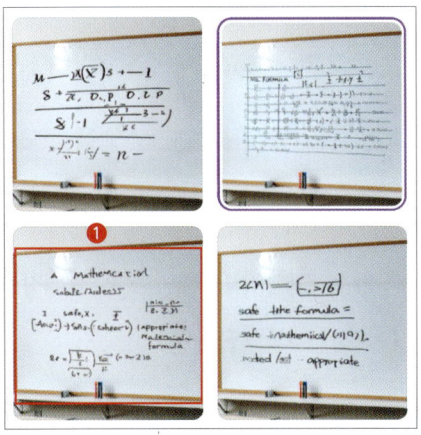

▲ 이미지 선택

05 기존 칠판의 모습과 비교해보도록 하겠습니다.

▲ 기존 이미지   ▲ Magic Edit로 바꾼 이미지

사진 밖까지 상상력 확장하기 'Magic Expand'

사진의 프레임을 넘어서 상상력을 확장해보고 싶다면 'Magic Expand'를 사용해보세요. 잘린 사진의 바깥 영역을 AI가 자연스럽게 이어 그려주어, 원래보다 더 넓은 구도와 완성도 높은 이미지를 만들 수 있습니다. 배경이 좁거나 여백이 부족한 이미지를 확장하고 싶을 때 유용하게 활용됩니다.

▲ Magic Expand

01 템플릿 편집 화면 좌측 메뉴 ❶[사진]을 클릭한 후 검색창에 ❷[풍경]이라고 검색합니다. ❸첫 번째 보이는 이미지를 선택해보겠습니다.

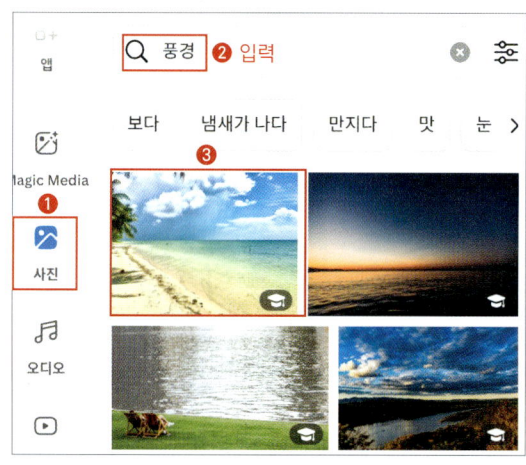

▲ 이미지 선택

02 ❶[이미지], ❷[편집], ❸[Magic Expand]를 클릭합니다.

▲ Magic Expand 선택

03 확장할 사이즈를 선택합니다. ❶전체 페이지로 확장해보겠습니다.

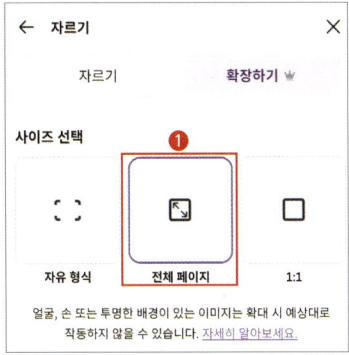
▲ 전체 페이지 확장

04 생성된 4개의 이미지 중 ❶원하는 이미지를 선택합니다.

▲ 생성된 4가지 형태의 이미지

05 기존 이미지와 확장된 이미지를 비교해보겠습니다. 기존 이미지는 프레임 바깥 공간이 비어 있지만, 'Magic Expand'를 사용하면 그 빈 공간을 AI가 자연스럽게 채워 넣어 전체 프레임이 꽉 찬 이미지로 확장되었습니다.

▲ 기존 이미지

▲ 확장된 이미지

3-3 문장을 적으면 이미지를 그려주는 'Magic Media'

'이런 그림 있었으면 좋겠는데…' 하고 생각만 하신 적 있으신가요? 이제 Magic Media에 문장만 입력하면, 그 문장을 바탕으로 AI가 이미지를 직접 그려줍니다. 원하는 분위기, 장면, 스타일을 글로 설명하기만 하면 되니, 상상력을 그대로 시각화할 수 있는 강력한 도구입니다. 수업 자료, 창작 활동, 발표 자료 제작까지 다채롭게 활용할 수 있습니다.

▲ Magic Media를 활용한 인공지능 그림

01 캔바 템플릿 편집 창 좌측 메뉴에서 ❶[앱]을 클릭한 후 ❷[검색창에 magic media]를 검색합니다. 검색 결과 첫 번째로 나온 ❸[magic media] 앱을 클릭합니다.

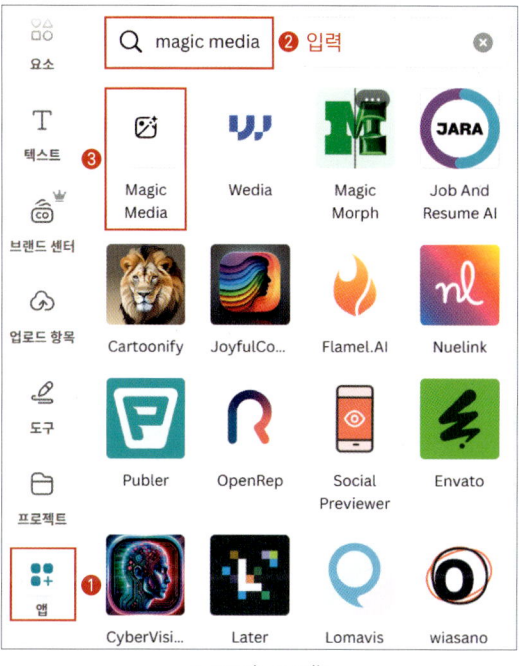

▲ magic media

02 ❶[magic media] 앱을 클릭하여 실행한 후, ❷[만들고 싶은 이미지를 설명하는 글]을 작성합니다. '바다 속을 수영하는 소년과 물고기들을 그려줘'라고 입력해보겠습니다. ❸[스타일]을 눌러 다양한 화풍을 선택해보도록 하겠습니다

▲ 텍스트 입력을 통한 생성형 이미지 생성

안쌤의 꿀팁 어떤 프롬프트를 입력해야 할지 막막하다면, ⓐ[랜덤 생성] 버튼을 눌러보세요. 자동으로 프롬프트가 입력되어 다양한 이미지 예시를 바로 생성해볼 수 있어, 초보자도 부담 없이 시작할 수 있습니다.

3장 손끝으로 부리는 마법, 캔바 AI의 세계

03 원하는 스타일을 선택하고 클릭합니다. ❶[일본 애니메이션 스타일]을 선택해보겠습니다.

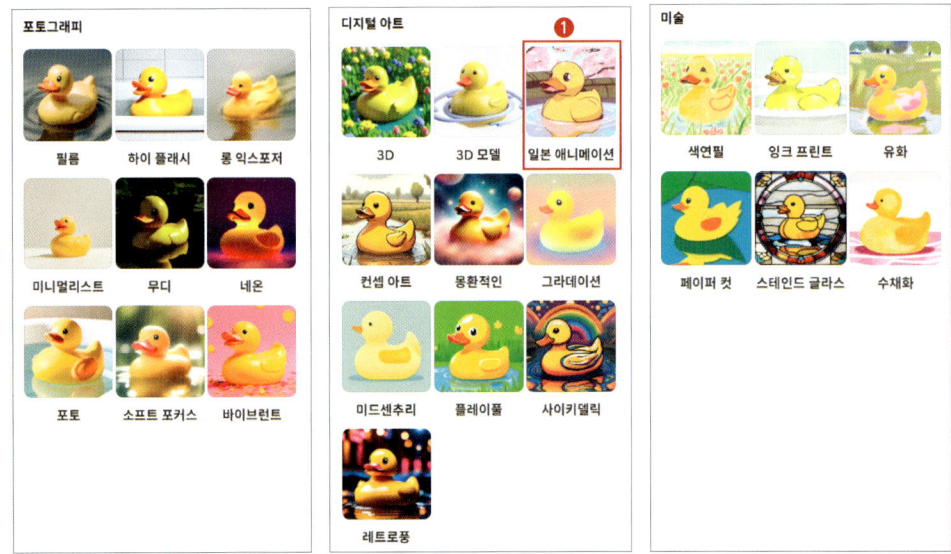

▲ 원하는 스타일 선택

04 ❶[이미지 생성하기]를 클릭합니다.

▲ 이미지 생성하기

05 네 장의 이미지가 생성됩니다. 원하는 이미지를 클릭하여 사용할 수 있습니다. 혹시 마음에 드는 결과가 없다면 ❶[다시 생성하기]를 클릭합니다.

▲ 생성된 이미지

안쌤의 꿀팁 Magic Media는 이미지뿐만 아니라 짧은 동영상 생성도 지원합니다. 다만 현재로서는 길이가 짧고, 완성도 면에서 아직은 실험적인 수준이기 때문에 수업 자료보다는 아이디어 스케치나 분위기 참고용으로 가볍게 활용해보는 것이 좋습니다.

안쌤의 수업 활용 노하우 ▶ 생성형 이미지 사용 시 유의할 점

Canva의 Magic Media(텍스트로 이미지 생성) 기능은 OpenAI의 DALL·E 또는 다른 생성형 AI 기술을 기반으로 제공되며, 이 기능은 13세 이상 사용자에게만 허용됩니다. 즉, Canva 교육용 계정을 사용하는 초등학생의 경우 직접 생성형 AI 기능을 사용하는 것은 권장되지 않거나 제한될 수 있습니다.

생성은 교사가 직접 하고, 학생은 활용(**예** 완성된 이미지를 꾸미기, 발표, 글쓰기 자료 등)하는 방식이 좋습니다. 학생들이 사용하는 AI, 교사의 안내와 함께라면 더욱 안전하고 풍부한 학습 도구가 될 수 있습니다.

안쌤의 미니특강_ Magic media 이렇게 활용했어요.

https://m.site.naver.com/1K5JH

▲ 수업 예시 자료 E북-QR코드 제작

학급에서 시 쓰기 활동을 진행하며 Magic Media를 활용해 시화 수업을 했습니다.

학생들이 직접 쓴 시를 바탕으로 이미지 생성 프롬프트를 작성하고, AI가 그려주는 그림을 함께 구성해 시화 작품을 완성했죠.

시의 내용을 그림으로 표현하는 데 어려움을 겪는 학생들에게 Magic Media는 훌륭한 시각적 도우미가 되어주었고, 아이들의 상상력과 표현력을 자연스럽게 이끌어낼 수 있었습니다.

그림 실력에 상관없이 누구나 자신만의 시화를 만들어볼 수 있어, 모두가 만족한 수업이었습니다!

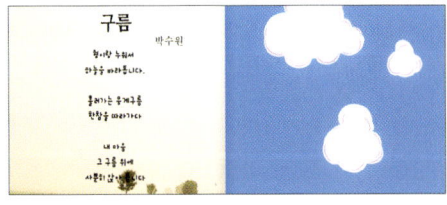

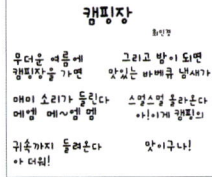

▲ 시화 그리기 수업 사례

3-4 인공지능이 대신 말해줘요 'AI-Voice'

목소리를 녹음하기 부담스럽거나, 학생 발표에 생동감을 더해주고 싶을 때 있지 않으셨나요? 'AI-Voice' 기능을 활용하면 내가 작성한 글을 인공지능 목소리로 자연스럽게 읽어주는 음성을 만들 수 있습니다. 또박또박, 감정도 실려 들리는 AI 음성으로 자료에 생동감을 더해보세요!

▲ AI 음성 생성

01 캔바 템플릿 편집 창 좌측 메뉴에서 ❶[앱]을 클릭한 후 검색창에 ❷[오디오]를 검색합니다. 검색 결과 첫 번째로 나온 ❸[오디오] 앱을 클릭합니다.

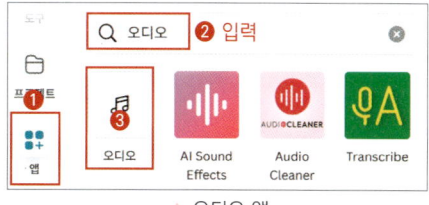

▲ 오디오 앱

02 ❶[오디오] 앱을 클릭하여 실행한 후, ❷[AI 음성 생성]을 클릭합니다.

▲ AI 음성 생성

3장 손끝으로 부리는 마법, 캔바 AI의 세계

03 ❶[텍스트 입력 창에 생성하고 싶은 AI 음성의 기반이 되는 텍스트를 입력]합니다.
❷[음성선택]을 눌러 언어를 선택하고, ❸[민준], ❹[AI 음성 생성]을 클릭합니다

▲ AI 음성 생성

04 템플릿 하단에 오디오 형식으로 업로드 되었습니다. [재생]을 눌러보면 텍스트를 인공지능이 읽어주는 음성이 흘러나옵니다.

▲ 템플릿에 업로드 된 AI 음성 생성

> **안쌤의 수업 활용 노하우** — AI 음성 생성 기능, 이렇게 활용할 수 있어요!
>
> ❶ 교사가 작성한 안내문, 학습자료 내용을 AI가 읽어주어 시각 자료에 청각 정보까지 더할 수 있어요.
> ❷ AI 음성으로 또박또박 읽어주는 문장을 활용해 받아쓰기, 받아 적기 활동에 활용해보세요.
> ❸ 교사가 영어 문장을 입력하면 AI가 영어로 문장을 읽어줘요. 초등 영어 듣기 평가나 회화 연습 자료로도 좋습니다.
> ❹ 독서록이나 감상문을 AI 목소리로 낭독하게 하여 오디오북처럼 활용할 수도 있습니다.

3-5

Canva AI와 만난 이미지 생성

"머릿속 상상을 그림으로 꺼낼 수 있다면 어떨까요?" 캔바의 AI 이미지 생성 기능은 이제 그런 상상을 현실로 만들어줍니다. 원하는 장면이나 상황을 문장으로 설명만 하면, 캔바가 그에 맞는 이미지를 AI를 통해 즉시 생성해주는 기능입니다. 예를 들어 "일몰 속 활주로를 달리는 비행기"라고 입력하면, 실제처럼 생생한 이미지가 순식간에 만들어지죠. 이제 이미지를 찾는 데 시간을 쓰지 마세요. 직접 만들고, 상상을 시각화하는 시대, 캔바 AI 이미지로 수업을 한층 더 풍부하게 만들어보세요!

▲ 캔바 AI이미지

01 캔바 홈 좌측 메뉴에서 ❶[Canva AI]를 클릭 후 ❷[이미지]를 클릭합니다.

▲ 캔바 이미지 생성

안쌤의 꿀팁 권한 허용을 하지 않으면 Canva AI 기능은 학생 계정에서는 사용할 수 없습니다.

02 생성하고 싶은 이미지의 모습을 검색창에 ❶[입력]합니다.

▲ Ⓐ생성하고 싶은 이미지 설명 입력

안쌤의 꿀팁 검색창에 Ⓐ[+] 버튼을 클릭하여 내가 원하는 이미지를 업로드 가능합니다. 업로드한 이미지를 다른 화풍이나 스타일로 바꿔서 사용할 수 있습니다.

03 ❶[스타일]을 클릭하여 원하는 컨셉을 골라주세요. 여기서는 ❷[시네마틱 스타일]로 선택해보겠습니다.

▲ 스타일 선택

04 ❶[제출하기]를 클릭합니다.

▲ 제출하기

05 생성된 이미지를 확인합니다. 생성된 이미지는 ❶[다운로드]를 클릭하여 캔바 앱 이외에 외부에서 사용할 수 있습니다. ❷[편집]을 클릭하면 템플릿 편집 창에서 사진을 편집하여 활용할 수 있습니다.

▲ Canva AI를 통해 생성된 이미지

안쌤의 꿀팁 생성된 이미지를 다운로드 받아 활용할 수 있다는 점에서 이전에 배운 Magic media와 차이가 있어요!

3-6 Canva AI와 만난 문서 초안 작성

"글을 어떻게 시작해야 할지 막막할 때, 누가 대신 써줬으면 좋겠다고 생각한 적 있으신가요?" 캔바의 문서 기능인 Canva Docs는 단순한 글쓰기 공간을 넘어, GPT 기반의 'Magic Write'를 활용해 초안을 자동 생성할 수 있는 똑똑한 문서 도구입니다. 블로그 글, 발표 원고, 설명문 등 주제나 상황만 입력하면 캔바 AI가 핵심 흐름과 문단을 만들어 주는 마법 같은 글쓰기 시작 도우미가 되어줍니다. 이제는 '빈 페이지 앞에서 고민하는 시간'을 줄이고, AI와 함께 글을 시작하는 새로운 방법을 경험해보세요!

https://m.site.naver.com/1K5Nj

▲ Canva AI로 완성된 문서

▲ Canva AI 문서 초안 작성

01 ❶[Canva AI]를 클릭 후 ❷[Docs]를 클릭합니다. ❸입력창에 설명하는 글 작성을 요청 후 ❹[제출하기]를 클릭합니다.

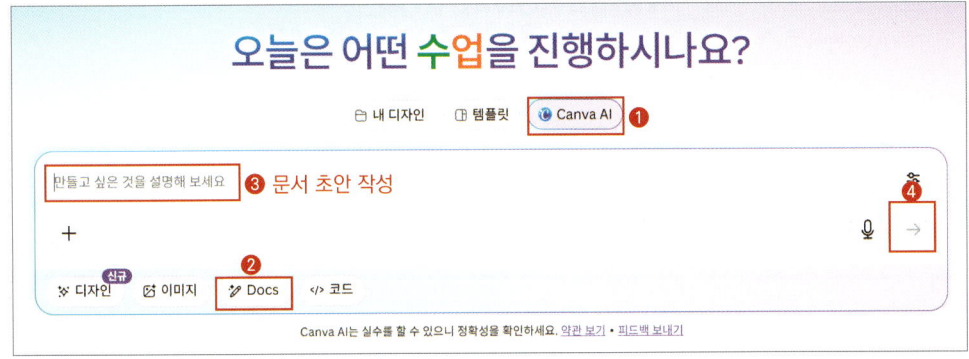

▲ Docs

안쌤의 꿀팁 유형을 클릭하면 다양한 글쓰기 유형을 선택하여 초안을 작성할 수 있어요.

02 ❶[생성된 초안]을 클릭 후 ❷[Canva 편집기 사용]을 클릭합니다.

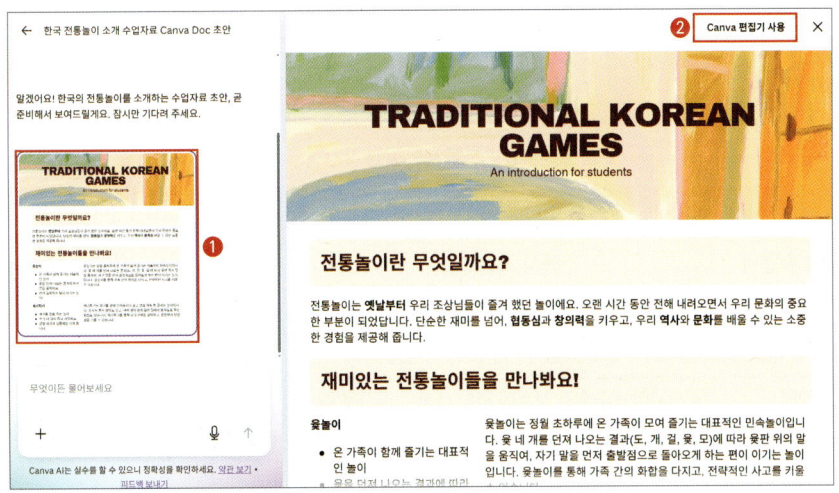

▲ 초안 생성

03 초안이 완성되었습니다. 내용과 제목을 수정하여 사용해보세요.

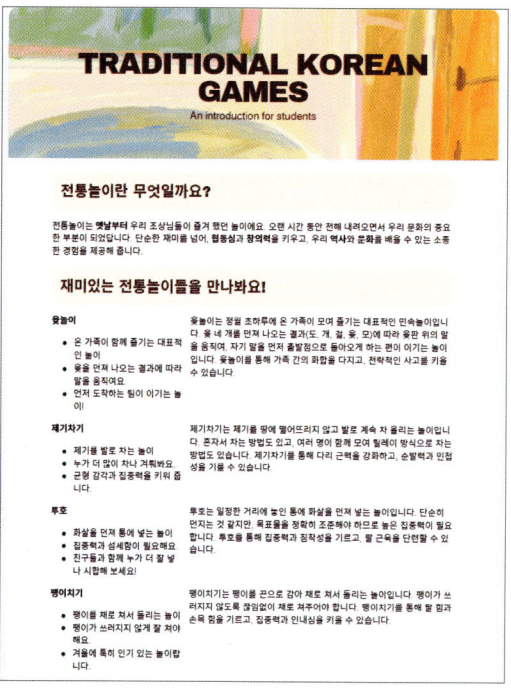

▲ 완성된 문서 초안

안쌤의 수업 활용 노하우 — 수업 활용 예시 프롬프트활용하기

다음은 교사가 수업 준비나 업무에서 Canva AI의 'Docs' 기능을 활용할 수 있는 대표적인 예시입니다.

수업 활용 분야	예시 프롬프트	설명
활동 설명문	"도덕 수업 '자아 존중' 활동 설명문 써줘"	창의적 체험활동이나 조별 활동 설명용
평가 문항 예시	"과학 탐구 보고서 평가 기준표 초안 만들어줘"	루브릭·자기평가표 작성에 활용
글쓰기 예시	"초등 4학년용 환경 보호에 관한 글쓰기 예시문 작성"	학생 글쓰기 모델 제공용
원고 제작	"학생회 신문 제작에 필요한 OOO과 관련된 기사문 작성 해줘"	신문 또는 원고 제작

활용 분야	예시 프롬프트	설명
가정통신문	"학교 독서 행사 안내 가정통신문 작성해줘"	안내장 초안, 공지문 등 빠른 초안 완성
공문/보고서	"교육활동 연수 참가 보고서 초안 만들어줘"	형식에 맞춘 문장 구성에 도움
학급소개서	"학급 운영 방침을 소개하는 학급 소개 글 작성해줘"	학부모 공개 수업, 학급홈페이지용
행사 개회사	"학교 학예회 개회사 원고 1분 분량으로 써줘"	공식 발표 시 말하기 글 초안 작성에 유용

3-7 프롬프트로 나만의 수업 활용 웹사이트 만들기 '캔바 코드'

 Canva AI와 만난 캔바 코드, 과연 어떤 모습일까요? 캔바는 단순한 디자인 도구를 넘어, AI 기능과 코드 활용까지 가능해진 모습을 보여주고 있습니다. 명령어를 입력하여 수업에 활용할 수 있는 퀴즈, 플래시카드게임, 타이머, 분류활동 등을 할 수 있는 웹사이트를 순식간에 만들어 줍니다. 상상이 현실이 되는 마법, 캔바 코드를 자세히 살펴볼까요?

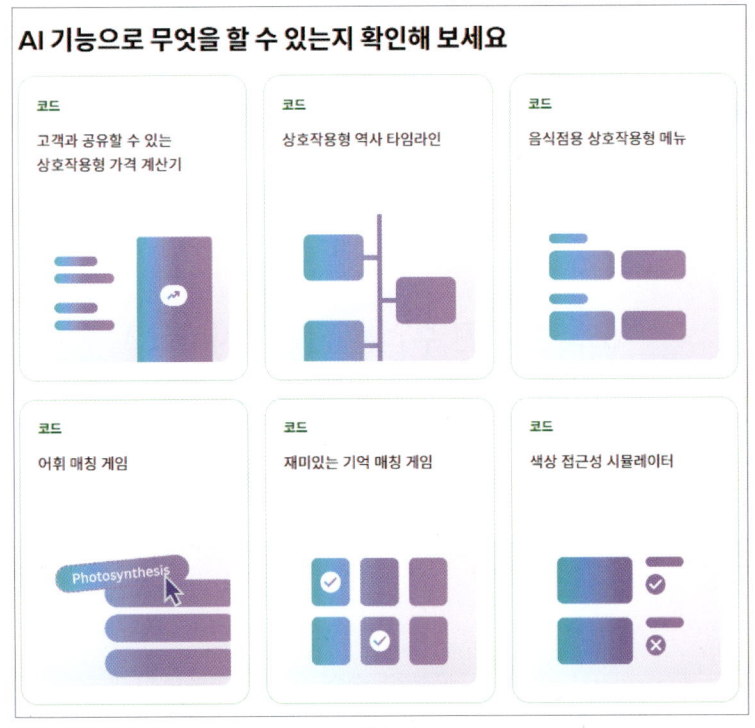

▲ 캔바 코드

초등 영어 단어 퀴즈 웹사이트 만들기

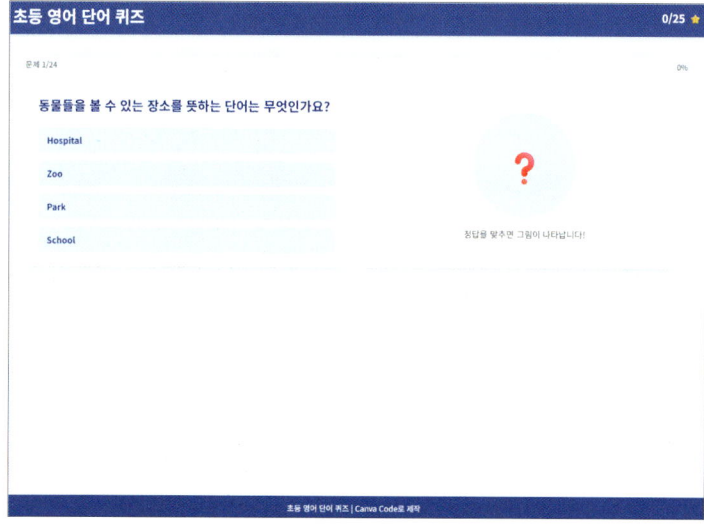

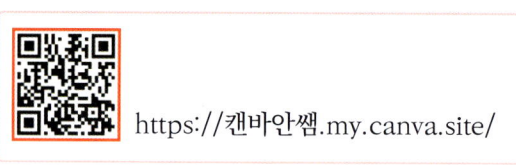

▲ 제작된 웹사이트 체험

01 캔바 홈에서 ❶[Canva AI], ❷[코드]를 클릭합니다.

▲ 코드 생성

02 제작하고 싶은 디자인의 모습을 설명합니다. 하단의 사진과 같이 ❶명령어를 입력해 보도록 하겠습니다.

▲ 명령어 입력

03 디자인이 완성되었다면 확인 후, ❶추가적인 명령을 제시합니다. 원하는 결과물이 나올 때까지 추가적인 작업을 계속합니다.

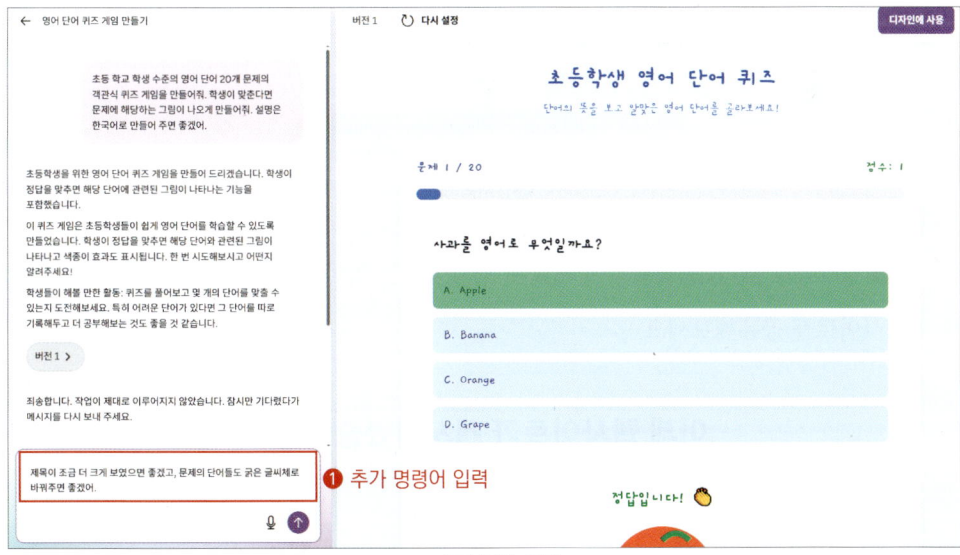

▲ 추가 명령 입력

04 우측 상단 ❶[게시]를 클릭합니다.

▲ 게시 클릭

05 사이트 주소를 확인 후 하단에 있는 ❶[게시]를 클릭합니다.

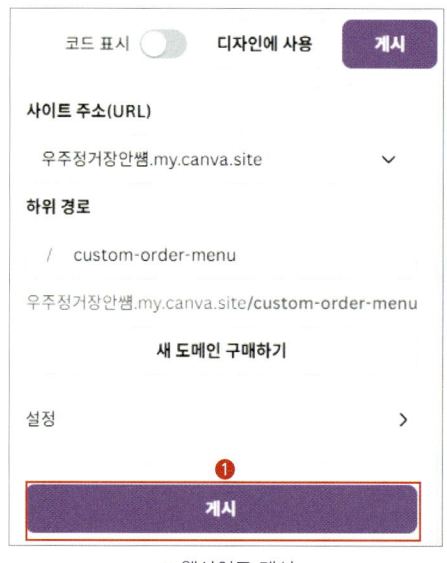

▲ 웹사이트 게시

06 ❶[웹사이트 보기]를 클릭하여 제작된 웹사이트를 확인할 수 있습니다. ❷[복사] 클릭하여 웹사이트를 공유해보세요.

▲ 웹사이트 공유

캔바 코드로 수업 활용 6가지 웹사이트 만들기

캔바 코드 수업에 어떻게 활용할 수 있을까요? 수업에 활용할 수 있는 예시를 확인해보 겠습니다.

자리 배정 프로그램 만들기

명령어 우리 반 자리배치를 만들 수 있는 디자인을 제작하고 싶어. 제목은 '우리반 자리 배정'으로 해줘. 20명의 학생을 5개의 모둠으로 나누어 배치하는 화면을 만들고 싶어. 각 모둠은 다른 색깔의 박스로 표시해주고, 모둠 이름(1모둠, 2모둠 등)과 인원 수가 적혀 있으면 좋겠어. 각 자리에는 번호(1번 자리, 2번 자리 등)와 학생 이름이 들어가도록 구성해줘. 전체 화면이 보기 쉽고 정돈된 느낌이었으면 좋겠어. 우리 반 학생 명렬표를 보고 제작해줘. (실제 학생 명렬표 추가 입력)

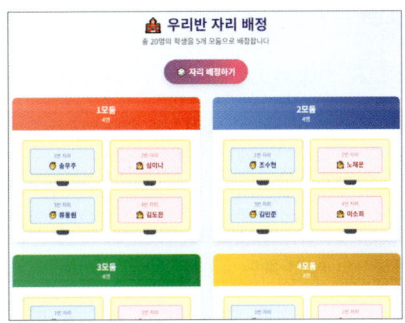

▲ 자리 배정 프로그램

https://m.site.naver.com/1VJuB

▲ 제작된 웹사이트 체험

우주 탐험 게임 만들기

명령어 태양계 행성 정보를 탐색할 수 있는 인터랙티브한 화면 디자인을 만들고 싶어. 가운데에 태양을 배치하고, 수성부터 해왕성까지의 행성을 태양을 중심으로 원 궤도로 배치해줘. 각 행성에는 이름 라벨이 보이도록 해주고, 오른쪽에는 '탐험 컨트롤'이라는 패널을 만들어 시간 속도 조절, 줌 레벨 조절, 특정 행성 선택 버튼이 들어가도록 구성해줘. 왼쪽에는 행성 정보를 보여주는 작은 박스와 우주 퀴즈 박스를 넣어주면 좋겠어. 전체 화면은 밤하늘 느낌의 배경으로 만들어줘.

▲ 우주 탐험 게임

https://m.site.naver.com/1VL8n

▲ 제작된 웹사이트 체험

고사성어 매칭 게임

 사자성어와 뜻을 연결하는 매칭 게임 화면을 만들고 싶어. 제목은 '사자성어 매칭 게임'으로 하고, 상단에 새 게임, 카드 섞기, 힌트 보기 버튼을 넣어줘. 중앙에는 점수, 매칭 성공 횟수, 시도 횟수를 보여주는 작은 카드 형태의 박스를 배치해줘. 아래에는 왼쪽에 사자성어 리스트, 오른쪽에는 뜻 리스트를 두고 학생들이 매칭할 수 있도록 구성해줘. 각 박스는 파란색과 분홍색처럼 서로 구분되는 색으로 디자인해주고, 전체 화면은 밝고 활동적인 게임 느낌으로 만들어줘.

▲ 고사성어 매칭 게임

https://son7.my.canva.site/

▲ 제작 된 웹사이트 체험

직각삼각형, 예각삼각형, 둔각삼각형 분류기 웹사이트 만들기

명령어 분류 활동을 할 수 있는 디자인을 제작하고 싶어. 제목은 도형 분류하기로 만들어 줘. 직각삼각형, 예각삼각형, 둔각삼각형을 분류하는 활동을 만들고 싶어. 10개의 다양한 삼각형이 예시로 있고 이를 분류할 수 있는 직각삼각형, 예각삼각형, 둔각삼각형 박스가 있으면 좋겠어. 분류에 성공하면 점수가 나오게 만들고 싶어.

▲ 제작된 도형 분류 게임

https://캔바안쌤.my.canva.site/dagpz0vd4zs

▲ 제작된 웹사이트 체험

역사 타임라인 웹사이트 만들기

명령어 대한민국 민주주의에 영향을 미친 10대 사건을 역사적 연표로 만들어줘.

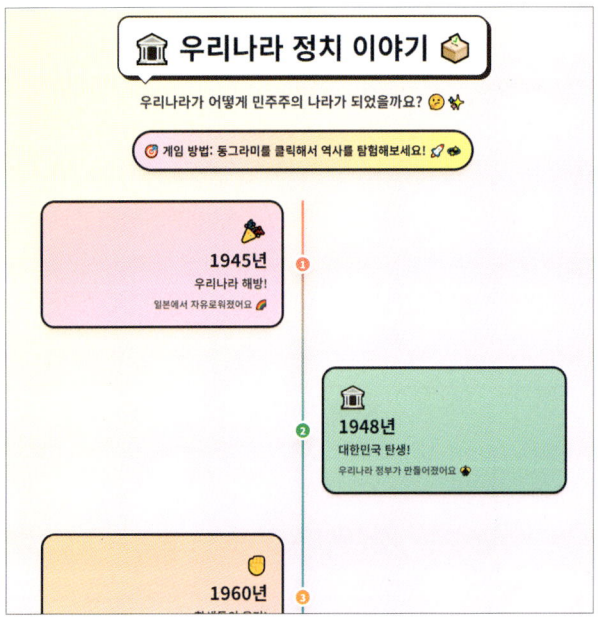

▲ 제작된 역사 타임라인

 https://xn--9g3b62k7wb75p.my.canva.site/dagzbpstrje

▲ 제작된 웹사이트 체험

영어 단어 메모리 게임 만들기

명령어 영어 단어 메모리 게임을 만들고 싶어. 초등학생 수준의 영어 단어와 영어 단어 이미지가 매칭되게 만들어줘. 총 10세트로 20장의 카드를 만들어줘. 그리고 짝을 맞추면 점수가 올라가게 제작해줘.

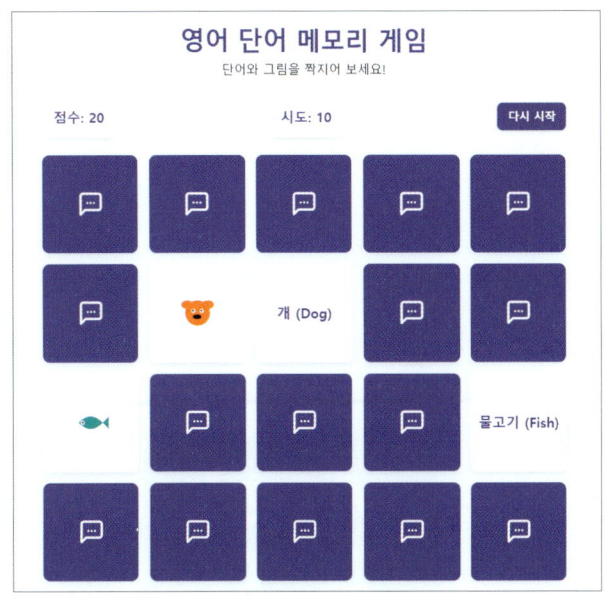

▲ 제작된 영어 단어 메모리 게임

▲ 제작된 웹사이트 체험

 캔바 코드를 활용하여 직접 명령어를 입력하여 웹사이트를 만들 수도 있지만 기존에 제공되는 코드를 이용하여 간편하게 제작할 수 있습니다. 캔바 코드 예시를 활용하면 플래시 카드, 타이머, 생일 카드, 분류 카드, 어휘 매칭 게임을 바로 제작해볼 수 있습니다. 이제 편하고 쉽게 나만의 수업자료를 제작해보세요.

▲ 캔바 코드에서 제공되는 코드

4장

수업에 가능성을 넓히는 다양한 캔바 앱 활용하기

캔바 자체만으로도 훌륭한 도구이지만, 진짜 매력은 바로 '확장성'에 있습니다. 캔바는 다양한 외부 앱과의 연동을 통해 기능을 무한히 넓힐 수 있습니다. 단순한 디자인을 넘어, 유튜브 연동, 캐릭터 만들기, 데이터 시각화까지! 앱과의 협업을 통해 수업 자료는 물론, 학생 활동까지 더 풍성하게 구성할 수 있습니다. 지금부터 수업에 놀라운 시너지를 더해 줄 캔바 앱들을 함께 살펴볼까요?

4-1
캔바로 youtube 영상 활용하기
'youtube'

학생들과 영상을 함께 보고, 그 내용을 정리하거나 발표 활동으로 연결해본 적 있으신가요? 'YouTube' 앱을 활용하면 캔바 디자인 안에 원하는 유튜브 영상을 직접 삽입할 수 있어 별도의 창을 열지 않고도 매끄럽게 수업을 진행할 수 있습니다. 특히 광고 없이 영상이 재생되기 때문에 수업 흐름을 방해받지 않고, 학생들의 집중도를 높일 수 있다는 점이 큰 장점입니다.

▲ youtube 연동하기

01 캔바 템플릿 편집 창 좌측 메뉴에서 ❶[앱]을 클릭한 후 ❷[Youtube embed]를 검색합니다. 검색 결과 첫 번째로 나온 ❸[Youtube embed] 앱을 클릭합니다.

▲ YouTube Embe 앱

02 ❶[Youtube embed 앱]을 클릭한 후 수업에 활용할 주제인 ❷[화산]을 검색합니다. 검색 결과 첫 번째로 나온 ❸[화산 영상]을 클릭합니다.

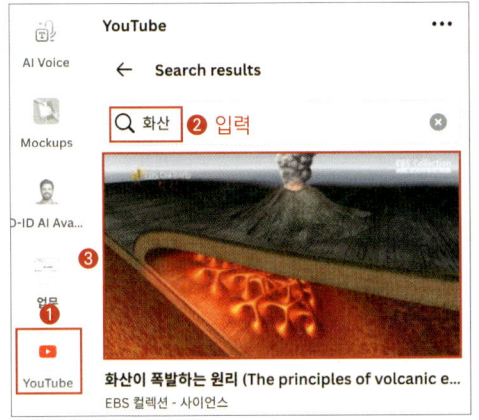

▲ 수업에 활용할 화산 영상

03 YouTube 영상이 템플릿에 삽입되었습니다. ❶[재생]을 클릭하면 영상이 광고 없이 재생됩니다. 또한 프레젠테이션을 시작하여 재생을 클릭하여 영상을 시청할 수 있습니다.

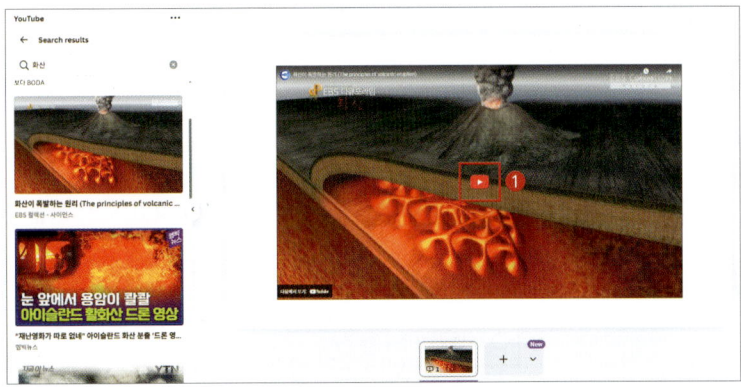

▲ 템플릿에 삽입된 영상

`안쌤의 꿀팁` 학생들이 사용하려면 [설정-사용권한]에서 권한을 허용해야합니다.

4-2 쉽고 빠른 QR코드 제작 'QR code'

수업 자료를 나눠줄 때, 긴 링크를 일일이 입력하느라 학생들이 헤매는 경우 많으셨죠? 그럴 땐 'QR 코드' 기능을 활용해보세요. 캔바 안에서 링크만 입력하면 바로 QR 코드가 생성되어 인쇄물, 포스터, 활동지 어디든 간편하게 삽입할 수 있습니다.

▲ QR code 앱

01 캔바 템플릿 편집 창 좌측 메뉴에서 ❶[앱]을 클릭한 후 ❷[QR code]를 검색합니다. 검색 결과 첫 번째로 나온 ❸[QR code] 앱을 클릭합니다.

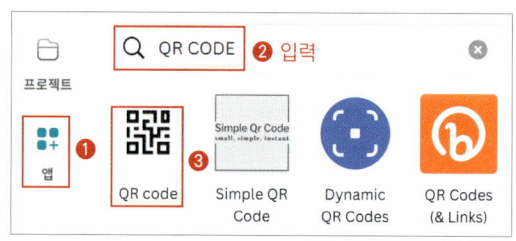

▲ QR code 검색

02 QR code를 생성하고 싶은 사이트의 링크를 복사 후 URL 창에 ❶[붙여넣기] 합니다. ❷[코드 생성]을 클릭합니다.

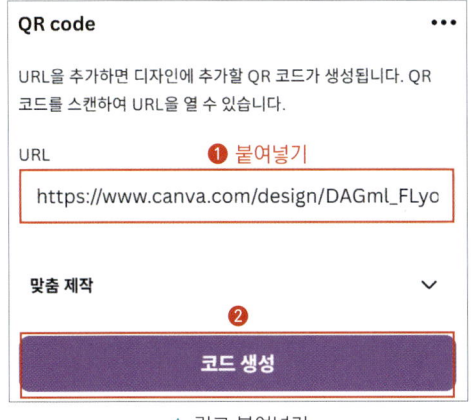

▲ 링크 붙여넣기

03 템플릿에 QR코드가 삽입되었습니다.

▲ 생성된 QR코드

> **안쌤의 수업 활용 노하우** QR 코드로 '딥페이크 방탈출' 게임 만들어 수업에 활용했어요!
>
> QR 코드로 '딥페이크 방탈출' 게임 만들기 활동했습니다. 퀴즈 플랫폼의 링크를 캔바의 QR 코드 앱으로 변환하여 포스터에 삽입하니, 학생들이 스마트 기기로 간편하게 접속해 문제를 풀고 단서를 모아 탈출 미션을 수행할 수 있었습니다.
>
>
>
> ▲ QR코드 활용 사례

4장 수업에 가능성을 넓히는 다양한 캔바 앱 활용하기 **139**

4-3 내가 커스텀하는 재밌는 디자인 'Mockups'

학생들이 만든 작품을 실제 물건에 적용해볼 수 있다면 훨씬 흥미롭지 않을까요? 'Mockups' 앱을 활용하면 학생들의 디자인을 티셔츠, 책 표지, 스마트폰 화면, 포스터, 머그컵 등 다양한 실물 이미지에 입혀볼 수 있습니다. 단순한 결과물에서 끝나는 것이 아니라, 마치 진짜 상품처럼 시각화되기 때문에 학생들의 성취감을 높이고, 발표나 전시 활동에도 생동감을 더할 수 있는 유용한 기능입니다.

▲ Mockups

Mockups(목업)를 활용하여 학생들과 친환경 포장용기 디자인을 한 수업 사례를 실습을 통해 따라해 보겠습니다.

▲ Mockups 친환경 포장 만들기 수업 사례

▲ 목업 따라하기 템플릿

01 캔바 템플릿 편집 창 좌측 메뉴에서 ❶[앱]을 클릭한 후 ❷[Mockups]를 검색합니다. 검색 결과 첫 번째로 나온 ❸[Mockups] 앱을 클릭합니다.(요소에서 mockups 사용해도 좋습니다.)

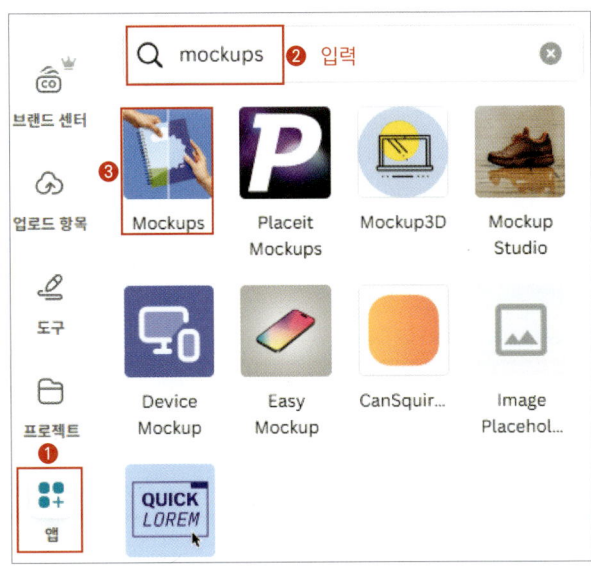

▲ mockups 연동

4장 수업에 가능성을 넓히는 다양한 캔바 앱 활용하기

02 친환경 캔 포장을 만들기 위해 포장 용기를 하나 골라보겠습니다. ❶[음료수 캔]을 클릭합니다.

▲ 포장용기 선택

03 ❶업로드 항목에서 포장지가 될 학생들의 작품을 드래그하여 캔에 프레임에 넣어줍니다. (학생들의 작품은 업로드 항목에서 파일 업로드를 클릭하여 이미지를 미리 업로드 해 놓습니다.)

▲ 이미지 삽입

04 작품 제작이 완료되었습니다.

▲ 완료된 작품

> **안쌤의 수업 활용 노하우**　Mockups 기능 200% 활용법
>
> ❶ 온라인 전시회 열기!
> 학생들이 만든 그림, 시, 캘리그라피 등을 티셔츠나 머그컵에 입혀서 온라인 전시회를 열어보세요.
>
> ❷ 나만의 브랜드 만들기 놀이
> 학생 이름이나 로고를 넣은 '나만의 굿즈' 만들어보면 어떨까요?
>
> ❸ 진짜 물건처럼 피드백 받아보기
> 친구들끼리 서로의 디자인에 구체적으로 피드백하기 딱 좋아요!

4-4 내가 만드는 그래프 '차트'

데이터를 시각적으로 표현해야 할 때, 복잡한 도구 대신 '차트(Chart)' 앱을 활용해보세요. 캔바에서는 막대그래프, 원그래프, 꺾은선그래프 등 다양한 형태의 차트를 간편하게 제작할 수 있으며, 직접 숫자만 입력하면 자동으로 시각화됩니다. 수학 시간의 자료 해석, 사회과의 통계 자료 설명, 과학 실험 결과 정리 등 수업 속 데이터 표현 활동에 효과적이며, 학생들도 쉽게 활용할 수 있어 수업 참여도도 높일 수 있습니다.

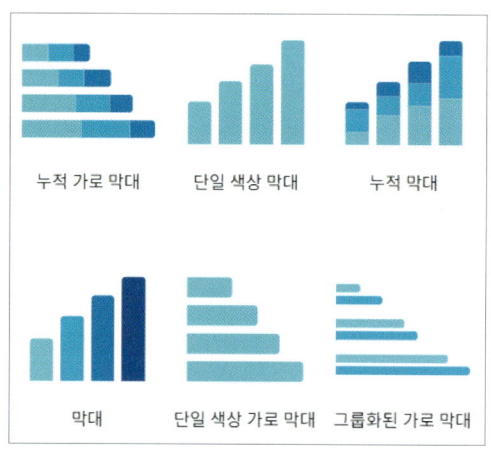

▲ 차트 앱

https://m.site.naver.com/1K6kn

▲ 차트 만들기 실습 결과

01 캔바 템플릿 편집 창 좌측 메뉴에서 ❶[앱]을 클릭한 후 ❷[차트]를 검색합니다. 검색 결과 첫 번째로 나온 ❸[차트] 앱을 클릭합니다.

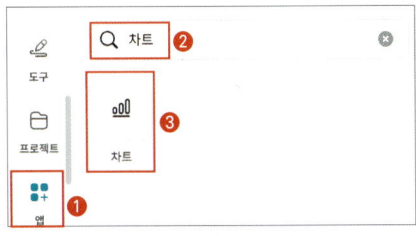
▲ 차트 앱 연동하기

02 다양한 차트를 확인할 수 있습니다. ❶[단일 색상 막대]를 선택해보겠습니다.

▲ 차트 선택

03 템플릿에 차트가 삽입되었습니다. 좌측 데이터를 수업 활동에 맞게 수정해보겠습니다. ❶항목 1, 2, 3, 4를 A형, B형, O형, AB형으로 각각 바꿔주고, ❷계열1의 숫자를 3, 6, 10, 3으로 바꿔보겠습니다.

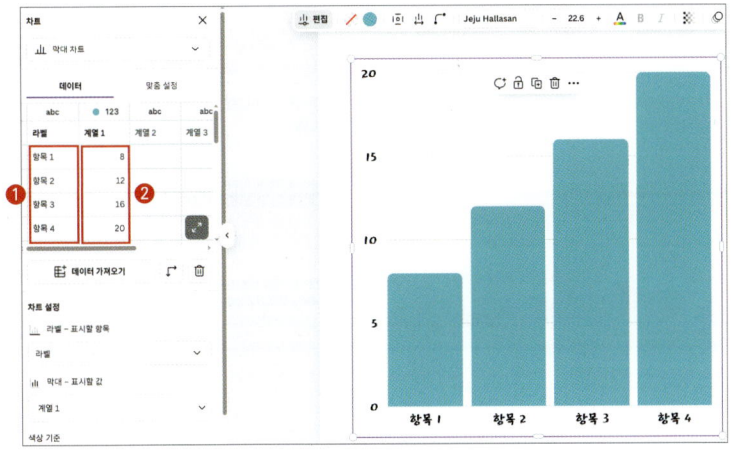
▲ 데이터 값 수정

4장 수업에 가능성을 넓히는 다양한 캔바 앱 활용하기

04 표의 크기와 항목이 자동으로 수정된 것을 확인할 수 있습니다. ❶[색상]을 클릭해 차트의 색을 변경할 수 있습니다.

▲ 데이터 값이 반영된 차트

> **안쌤의 수업 활용 노하우**   우리 반의 데이터를 그래프로 표현해요!
>
> 학생들이 직접 만든 설문조사 결과를 바탕으로 막대그래프 차트를 제작하고, 캔바의 다양한 디자인 요소를 활용해 자신만의 인포그래픽 스타일 발표 자료를 만들었습니다.
>
> '가장 좋아하는 불닭볶음면', '우리 반이 좋아하는 과일', '인기 있는 보드게임' 등 친숙하고 재미있는 주제를 중심으로 수치를 입력하고 그래프를 시각화하면서, 자료 해석 능력과 디자인 감각을 함께 기를 수 있는 활동이 되었습니다.
>
>
>
> ▲ 차트를 활용한 막대그래프 차트 만들기 수업 사례

4-5 나만의 캐릭터 만들기 'Character Builder'

'Character Builder'는 원하는 외형, 표정, 의상 등을 선택하여 개성 있는 캐릭터를 직접 만들 수 있는 앱입니다. 수업 속에서 등장인물을 시각화하거나, 학생들이 자신을 표현하는 캐릭터를 만들어 소개 활동에 활용하기에 안성맞춤입니다. 디지털 자화상, 역할극 인물 설정, 학급 소개 자료 등에 다양하게 응용해보세요!

▲ Charater Builder

  https://m.site.naver.com/1K6vB

▲ 캐릭터 빌더로 그림책 제작사례

01 캔바 템플릿 편집 창 좌측 메뉴에서 ❶[앱]을 클릭한 후 ❷[Charater Builder]를 검색합니다. 검색 결과 첫 번째로 나온 ❸[Charater Builder] 앱을 클릭합니다.

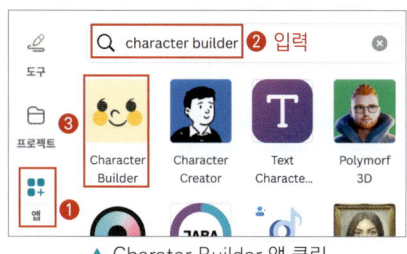

▲ Charater Builder 앱 클릭

02 ❶[열기]를 클릭합니다.

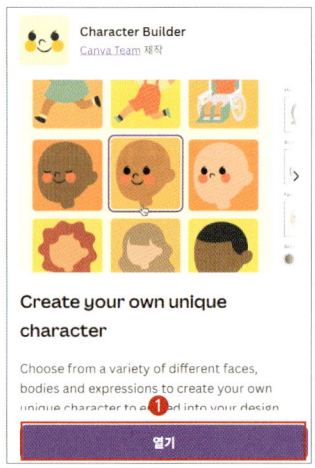

▲ Charater Builder 앱 열기

03 캐릭터를 구성할 수 있는 메뉴가 활성화됩니다. ❶[head], ❷[Body], ❸[Face]를 선택해 보겠습니다. 선택한 옵션에 맞게 템플릿에 Ⓐ캐릭터가 생성된 것을 확인할 수 있습니다.

안쌤의 꿀팁 캐릭터의 스타일은 유지하면서 표정과 동작만 바꾸어 사용하면 마치 같은 인물이 등장하는 디지털 그림책이나 스토리 콘텐츠를 제작할 수 있습니다.

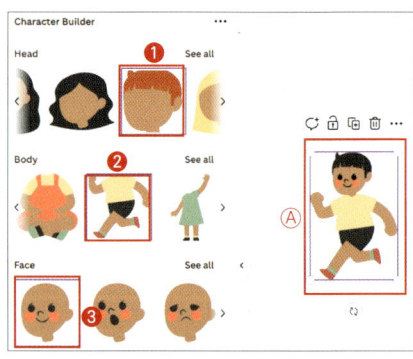

▲ 캐릭터 생성

안쌤의 수업 활용 노하우 Charater Builder를 활용해 만든 디지털 그림책 제작하기

Charater Builder를 활용해 만든 디지털 그림책 사례를 함께 살펴보겠습니다.

▲ Charater Builder를 활용한 디지털 동화책 제작 사례

4-6 프레임 마음대로 디자인하기 'Frame Maker'

 기존 프레임 기능은 정해진 모양만 선택할 수 있어 활용에 제한이 있었죠? 하지만 'Frame Maker'를 사용하면 직접 원하는 모양의 프레임을 만들 수 있어 디자인의 자유도가 훨씬 높아집니다. 사진을 넣고 싶은 모양을 내 스타일대로 만들 수 있으니, 활동지나 학급 포스터, 자기소개 카드 등에서 훨씬 창의적인 구성이 가능해집니다. 더 이상 정해진 틀에 맞출 필요 없이, 디자인을 내가 주도해보세요!

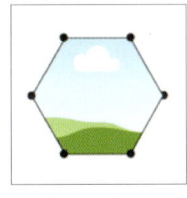

▲ Frame Maker

01 캔바 템플릿 편집 창 좌측 메뉴에서 ❶[앱]을 클릭한 후 ❷[Frame Maker]를 검색합니다. 검색 결과 첫 번째로 나온 ❸[Frame Maker] 앱을 클릭합니다.

▲ Frame Maker 실행

02 ❶[만들기] 탭에서 자유롭게 프레임을 디자인할 수 있습니다. 'Frame Maker'에서는 점을 찍어 프레임의 외곽선을 직접 변형시킬 수 있습니다. 원하는 위치에 ❷[더블클릭]하면 점이 추가되고, ❸[점 제거] 버튼을 통해 불필요한 점은 삭제할 수 있어요.

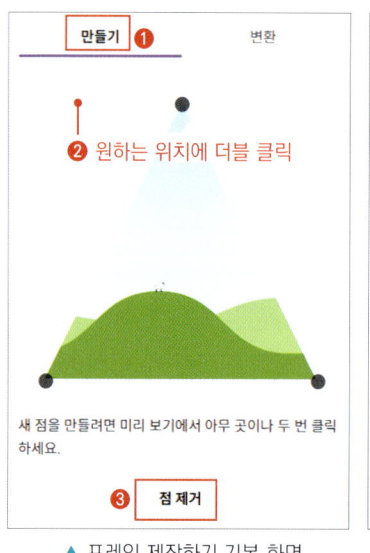 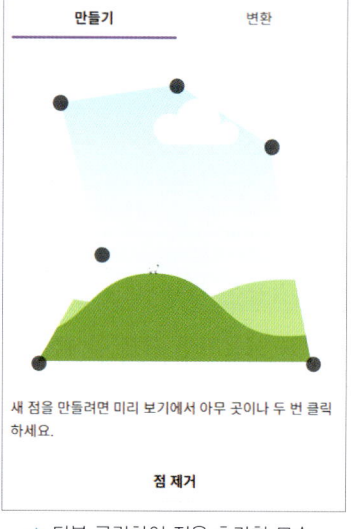

▲ 프레임 제작하기 기본 화면   ▲ 더블 클릭하여 점을 추가한 모습

03 점을 마우스로 클릭한 후 이동하면 점의 위치가 이동하며 프레임이 수정되게 됩니다.

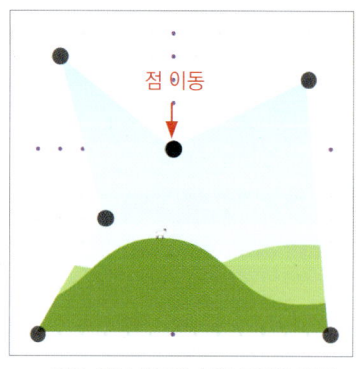

▲ 점의 위치 변경을 통한 프레임 변형

04 'Frame Maker' 편집 창의 최하단의 ❶[디자인에 추가]를 클릭하여 템플릿에 추가합니다.

▲ 디자인의 추가

05 프레임이 템플릿에 삽입되었습니다. 사진 이미지를 드래그하여 프레임이 넣어 활용해보세요.

▲ 추가된 프레임

4-7 스케치를 이미지로 표현해주는 'Sketch to Life'

손으로 그린 낙서나 스케치가 멋진 일러스트로 바뀐다면 어떨까요? 'Sketch to Life'는 간단한 선 드로잉만으로도 AI가 알아서 이미지를 만들어주는 놀라운 기능입니다. 그림 실력에 자신 없는 학생들도 자신만의 아이디어를 시각화할 수 있습니다.

▲ Sketch to Life

안쌤의 꿀팁 AI 기능이 포함된 앱들은 기본적으로 학생 계정에서 사용이 제한될 수 있습니다. 학생들이 이러한 앱을 활용하려면 교사가 Canva 설정에서 '앱 사용 권한'을 허용해주어야 합니다. '캔바 홈-〉 설정-〉 사용권한-〉앱 및 통합-〉앱 관리'에서 해당 앱을 허용한 후 수업을 진행하세요.

01 캔바 템플릿 편집 창 좌측 메뉴에서 ❶[앱]을 클릭한 후 ❷[Sketch to Life]를 검색합니다. 검색 결과 첫 번째로 나온 ❸[Sketch to Life] 앱을 클릭합니다.

▲ Sketch to Life 앱 검색

02 Sketch to Life 앱이 실행되면 원하는 이미지를 스케치합니다. 이번에는 사과를 간단히 그려보았습니다. ❶[Describe your sketch]에 내가 그린 사물을 간단히 묘사합니다. ❷[A red apple]이라고 입력하겠습니다. 완료되었으면 ❸[Generate]를 클릭합니다.

▲ 원하는 이미지 스케치하기

03 AI가 이미지를 분석하여 멋진 사과를 그려주었습니다.

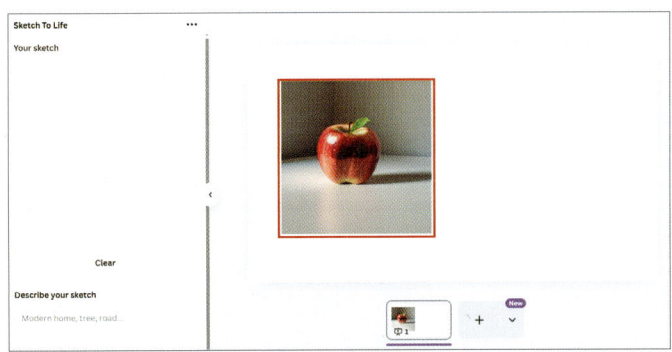

▲ AI가 그린 이미지

안쌤의 수업 활용 노하우 ▶ Skketch to Life 미술시간, 창의 표현 활동 수업 활용 방법

수업에서는 그림 그리기를 어려워하는 학생들에게도 자신 있게 표현할 기회를 줄 수 있다는 점에서, Sketch to Life는 미술 시간이나 창의 표현 활동 수업에 활용하기 좋습니다. 영어 시간에 색깔을 학습한 뒤, 배운 단어를 활용해 사물을 묘사하고 그 내용을 스케치로 표현한 수업 사례입니다.

▲ yellow banana   ▲ green apple

4-8 사진을 만화로 바꿔주는 'Animeify'

사진을 만화 스타일로 바꿔보고 싶었던 적 있으신가요? 'Animeify'는 사진 한 장만으로도 애니메이션 캐릭터처럼 변환해주는 AI 기능입니다. 학생 사진이나 인물 이미지를 만화풍으로 바꾸어 자기소개 카드, 학급 굿즈, 디지털 프로필, 이야기 속 등장인물 구성 등 다양한 활동에 재미와 몰입도를 더해줄 수 있습니다.

▲ Animeify

안쌤의 꿀팁 AI 기능이 포함된 앱들은 기본적으로 학생 계정에서 바로 사용이 제한될 수 있습니다. 학생들이 이러한 앱을 활용하려면 교사가 Canva 설정에서 '앱 사용 권한'을 허용해주어야 합니다. '캔바 홈-〉 설정-〉 사용권한-〉앱 및 통합-〉앱 관리'에서 해당 앱을 허용한 후 수업을 진행하세요.

01 캔바 템플릿 편집 창 좌측 메뉴에서 ❶[앱]을 클릭한 후 ❷[Animeify]를 검색합니다. 검색 결과 첫 번째로 나온 ❸[Animeify] 앱을 클릭합니다.

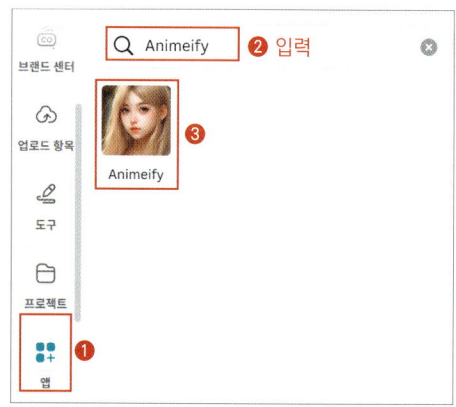

▲ Animeify 앱 연동

02 ❶[파일 선택하기(Choose file)]를 클릭합니다. ❷준비한 사진을 업로드합니다.

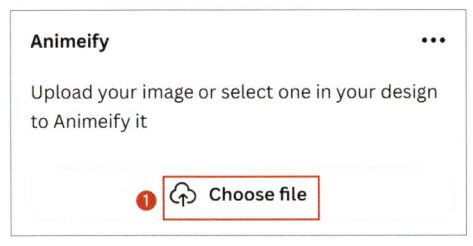
▲ Choose file

▲ 파일 업로드

03 ❶[Animeify image]를 클릭합니다.

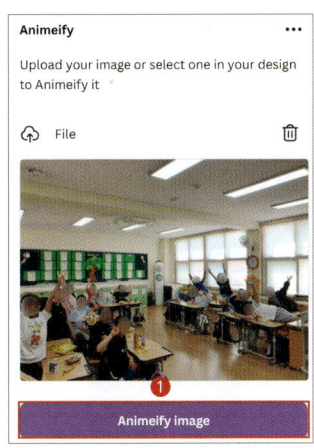
▲ Animeify image

04 이미지가 만화 스타일로 변환되었습니다. ❶[Add to design]을 클릭하여 템플릿에 사용해 봅니다.

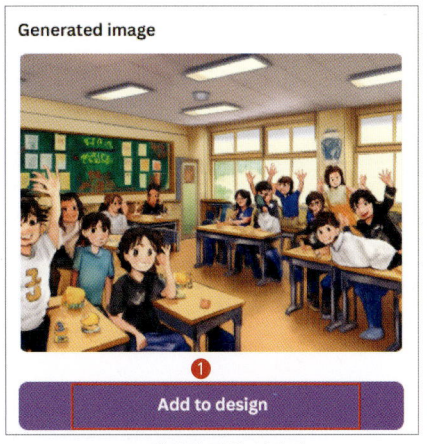
▲ 생성된 만화 이미지

> **안쌤의 수업 활용 노하우** ▶ Animeify 활용 방법
>
> 고학년 학생들은 자신의 사진을 그대로 사용하는 데 부담을 느끼는 경우가 많습니다. 이럴 땐 Animeify로 사진을 만화 스타일로 바꿔 친근하고 재미있는 이미지로 전환해 보세요. 변환한 이미지를 학급 PC 배경화면이나 프로필 사진 등에 활용하면 학생들의 소속감과 참여도를 자연스럽게 높일 수 있습니다.

4-9
GIF(움짤)을 활용하고 싶다면 'GIPHY'

움짤 하나만 잘 넣어도 발표 자료나 활동지가 훨씬 재미있어집니다. 'GIPHY'는 다양한 주제와 감정을 담은 움직이는 GIF 이미지를 검색하고 삽입할 수 있는 앱으로, 학생들의 시선을 끌고 발표나 설명에 생동감을 더해줍니다. 간단한 검색어만 입력하면 애니메이션, 리액션, 감정 표현 등 수천 개의 움짤을 바로 사용할 수 있습니다.

▲ GIPHY

01 캔바 템플릿 편집 창 좌측 메뉴에서 ❶[앱]을 클릭한 후 ❷[GIPHY]를 검색합니다. 검색 결과 첫 번째로 나온 ❸[GIPHY] 앱을 클릭합니다.

▲ GIPHY 앱 연동

02 ❶[happy]라고 검색해보겠습니다. 'happy'와 관련된 다양한 움직이는 이미지가 검색됩니다. ❷[원하는 이미지를 클릭]하여 템플릿에 사용할 수 있습니다.

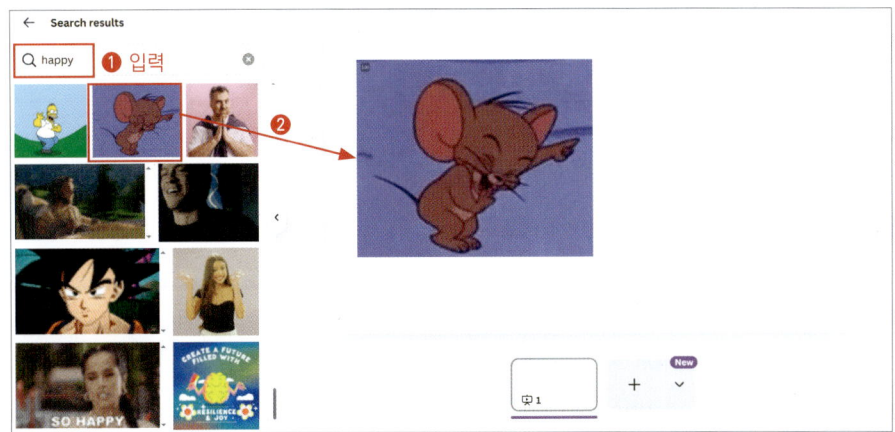

▲ 움짤 활용

4-10 상품 이미지도 AI가 척척 'Product Photos'

캔바의 'Product Photos' 기능은 일반적인 사진 한 장만으로도 전문가처럼 깔끔한 상품 이미지를 만들어주는 AI 기반 도구입니다. 배경 제거, 조명 조절, 그림자 추가 등 복잡한 편집 없이도, 마치 촬영 스튜디오에서 찍은 듯한 결과물을 손쉽게 만들 수 있습니다. 학생 작품을 직접 촬영한 후 이 기능으로 상품처럼 꾸며주면 작품에 대한 자부심을 높이고, 수업 결과물을 전시할 때 훨씬 더 전문적인 느낌을 줄 수 있습니다. 한 번 따라해볼까요?

▲ Product Photos를 활용한 학생 작품 전시

01 캔바 홈 좌측 메뉴에 ❶[앱], ❷[Product Photos]를 클릭합니다.

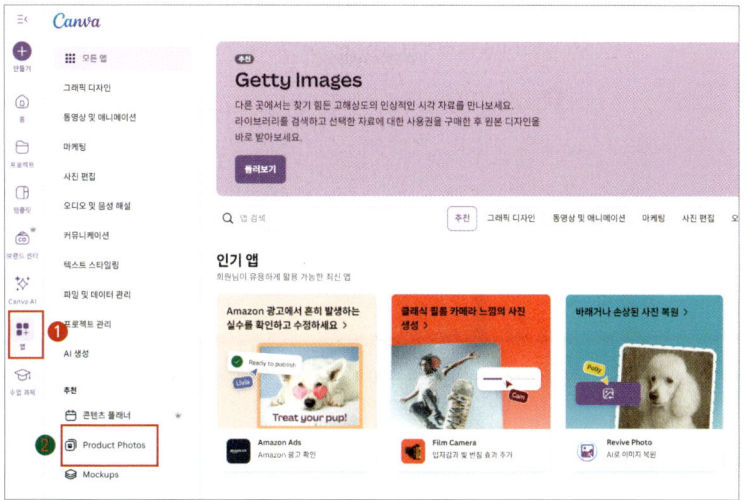

▲ Product Photos 접속

02 ❶[사진 선택]을 클릭한 후 업로드할 학생들의 사진을 선택합니다.

▲ 사진 선택

03 ❶학생들의 사진을 **업로드한 후** ❷[다음]을 클릭합니다.

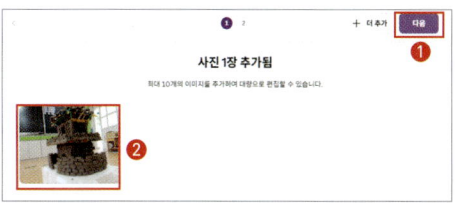

▲ 사진 선택

[안쌤의 꿀팁] 동시에 여러 장을 업로드할 수 있어요.

04 ❶원하는 배경 스타일을 선택 후 ❷[적용]을 클릭합니다.

▲ 사진에 맞는 스타일 선택

05 제작된 사진을 확인합니다.

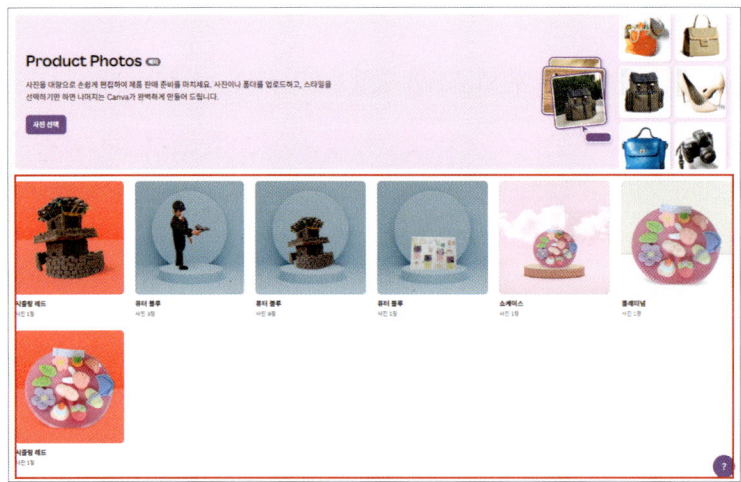
▲ 제작된 사진 확인

4-11 AI 딥페이크 영상 만들기 'D-ID'

직접 말하지 않아도, 사진과 텍스트만 있으면 AI가 대신 말해주는 영상이 만들어집니다. 'D-ID'는 인물 사진을 움직이게 하고, 입력한 글을 음성으로 읽어주는 AI 딥페이크 영상 생성 기능입니다.

▲ D-ID

안쌤의 수업 활용 노하우 ▶ AI 기능이 포함된 앱 수업 활용법

AI 기능이 포함된 앱들은 기본적으로 학생 계정에서 바로 사용이 제한될 수 있습니다. 학생들이 이러한 앱을 활용하려면 교사가 Canva 설정에서 '앱 사용 권한'을 허용해주어야 합니다. '캔바 홈-〉설정-〉사용권한-〉앱 및 통합-〉앱 관리'에서 해당 앱을 허용한 후 수업을 진행하시면 됩니다. 단, 딥페이크 기술은 흥미롭고 강력한 도구이지만, 학생들에게는 오용의 가능성과 윤리적 문제가 함께 존재합니다. 따라서 수업에서는 교사가 대표로 실습을 진행하거나, 영상 제작 전 기술의 원리와 주의점에 대해 충분히 안내한 뒤 활용하는 것이 좋습니다.

 https://m.site.naver.com/1K6DB

▲ D-ID학생 수업 사례

01 캔바 템플릿 편집 창 좌측 메뉴에서 ❶[앱]을 클릭한 후 ❷[D-ID]를 검색합니다. 검색 결과 첫 번째로 나온 ❸[D-ID] 앱을 클릭합니다.

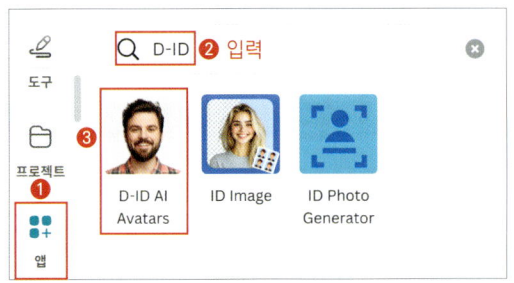

▲ D-ID 앱 연동

02 특별한 인물의 사진을 넣어 영상을 제작하고 싶다면 구글 계정 연동이 필요합니다. D-ID를 실행 후 ❶[로그인하여 생성]을 클릭하여 계정을 연동해주세요.

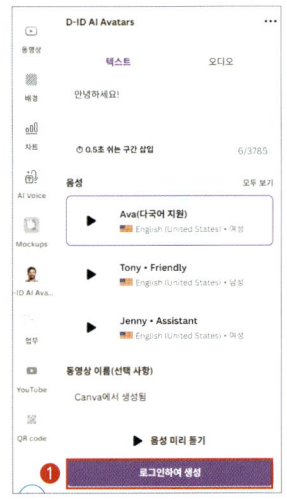

▲ 로그인하여 계정 연동

03 아바타 탭의 ❶[업로드]를 눌러 원하는 사진을 업로드합니다. ❷소스 항목의 텍스트에 생성하고 싶은 딥페이크 영상의 대사를 입력합니다. ❸오디오를 눌러 직접 녹음한 파일을 업로드할 수 있습니다. 유관순 사진을 업로드 후 학생들이 직접 녹음한 음원을 업로드해 보겠습니다.

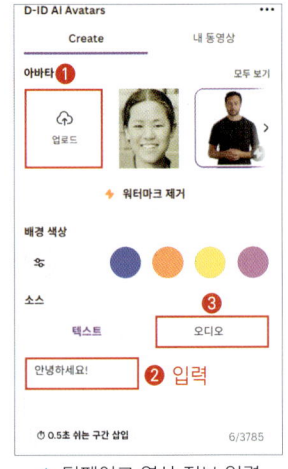

▲ 딥페이크 영상 정보 입력

04 ❶[발표자 생성]을 클릭하여 영상을 생성합니다.

▲ 발표자 생성

05 영상이 생성되면 요소 기능을 활용하여 영상을 꾸며줄 수 있습니다.

▲ 생성된 딥페이크 영상

| 안쌤의 수업 활용 노하우 | 독립운동가 딥페이크 영상 만들기 |

수업에서 우리나라 독립운동가에 대해 배우고 난 뒤, 학생들은 각 인물이 되었다는 마음으로 그들의 심경을 담아 직접 음성을 녹음했습니다. D-ID는 텍스트를 입력해 AI 음성으로 영상을 생성할 수도 있지만, 이번 활동에서는 학생들이 직접 녹음한 음성을 업로드하여 더 생생하고 몰입감 있는 딥페이크 영상을 만들었습니다. 학생들이 준비한 인물 사진과 자신의 목소리를 결합해 만든 영상은 단순한 학습을 넘어, 역사 인물의 마음을 깊이 공감하고 추체험하는 특별한 수업 경험이 되었습니다.

▲ 독립운동가 딥페이크 영상

5장

캔바로 이런 수업 어때요?

캔바는 단순한 디자인 도구를 넘어, 수업 속 다양한 활동을 생생하게 실현시켜주는 강력한 교육 도구입니다. 이번 장에서는 교과 수업, 창의적 체험활동, 프로젝트 학습 등 실제 교육현장에서 캔바를 어떻게 활용했는지를 구체적인 사례 중심으로 소개합니다. '미래의 나' 상상하기, 인공지능과 시화 만들기, 차별 이슈 해결 포스터 제작 등 다양한 주제에 따라 학생들이 주도적으로 참여하며 창의적인 결과물을 만들어낸 수업들을 함께 살펴봅니다. 캔바 수업, 실제로 어떻게 구현되는지 궁금하시다면 지금 바로 확인해보세요.

5-1
미래의 나의 꿈 명함 만들기
▶ 템플릿 : 명함

　이 수업은 학생 스스로 미래의 꿈을 시각적으로 상상하고, 그 꿈을 현실처럼 표현해보는 명함 만들기 프로젝트입니다. 캔바에서 명함 템플릿을 선택하고, 이름과 직업, 자신을 표현할 문구나 포부를 입력하면서 꿈에 대한 구체적인 이미지와 언어를 구성해보는 활동입니다. 교과 연계로는 도덕(자아 정체성), 진로(자기탐색), 국어(자기소개 표현)등과 쉽게 연결할 수 있으며, 완성된 명함은 출력해 교실 속 전시 활동이나 진로 발표 시간 자료로도 활용할 수 있습니다. 함께 따라해볼까요?

▲ 학생 명함 만들기 수업 사례

 https://m.site.naver.com/1LiOH
▲ 명함 만들기 소스 파일

01 캔바에 접속하여 검색창에 ❶[꿈 명함]을 입력하고 ❷검색한 후 ❸자신이 원하는 템플릿을 선택합니다. 실습에서는 사진이 들어간 명함을 선택 후 템플릿 맞춤 편집을 시작해 주세요.

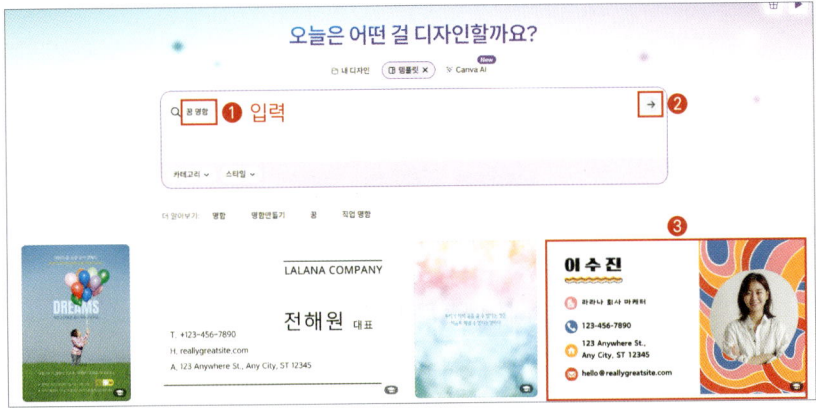

▲ 명함 선택

02 ❶ 필요하지 않은 요소, 텍스트는 삭제한 후 템플릿의 텍스트를 각각 클릭하여 수정합니다.

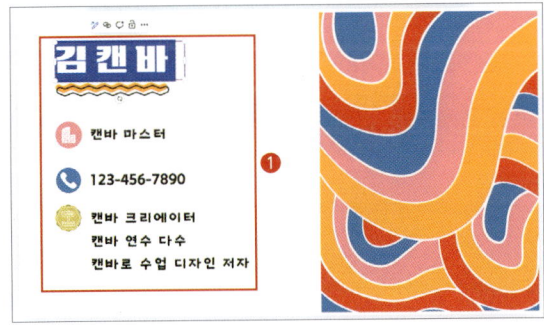

▲ 텍스트 수정

03 좌측 메뉴에서 ❶[업로드 항목]을 ❷[파일 업로드]를 클릭하여 자신의 사진 파일을 업로드합니다.

안쌤의 꿀팁 미리 자신의 얼굴 사진을 찍어두게 하여 갤러리에 저장해 두면 좋아요.

▲ 자신의 얼굴 사진 업로드

5장 캔바로 이런 수업 어때요? 167

04 요소에서 프레임을 선택합니다. ❶[프레임]을 클릭 후 원하는 모양의 프레임을 선택합니다. ❷[동그라미 프레임]을 선택해보겠습니다.

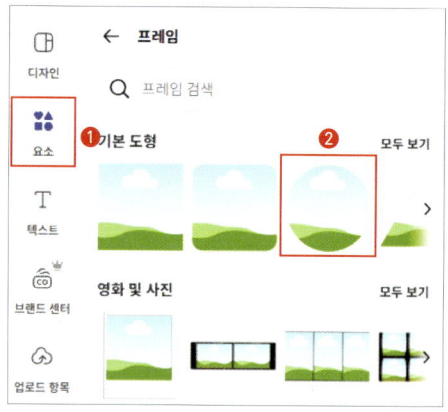

▲ 프레임 선택

05 프레임을 명함에 좌측으로 옮겨줍니다.

▲ 프레임 이동

06 업로드 항목에 올려놓은 자신의 사진을 ❶드래그하여 프레임에 삽입합니다.

▲ 프레임에 사진 드래그 앤 드랍

안쌤의 꿀팁 학생들이 제작한 명함은 프로젝트 폴더에 수합하여 함께 감상하고 발표하는 수업을 해보세요.

5-2 나만의 막대 그래프 보고서 만들기
▶ 템플릿 : 그래프

   이 수업은 학생들이 스스로 주제를 정하고 데이터를 시각화해보는 그래프 만들기 프로젝트입니다. 단순히 주어진 표를 그래프로 옮기는 것이 아니라, 자신과 관련된 흥미로운 주제를 선택한 뒤, 그에 대한 데이터를 수집하고 직접 막대그래프나 비율그래프, 꺾은선그래프 등 다양한 형태로 꾸며보며 시각 보고서를 만들어보는 활동입니다. 캔바의 차트 기능을 활용하면 숫자만 입력해도 자동으로 그래프가 생성되기 때문에 수학적 개념 이해와 더불어 디자인 감각까지 함께 기를 수 있는 통합형 수업으로 운영할 수 있습니다. 함께 따라해볼까요?

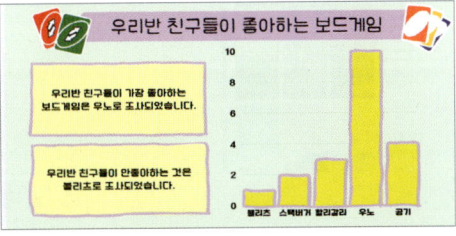

▲ 학생 수업 사례

https://m.site.naver.com/1K6FZ

▲ 차트 만들기 실습 완성 파일

5장 캔바로 이런 수업 어때요?

01 기본 템플릿을 준비합니다. ❶[앱]에서 ❷[차트]와 ❸[배경]을 클릭하면 좌측 메뉴에 차트와 배경이 연동되게 됩니다.

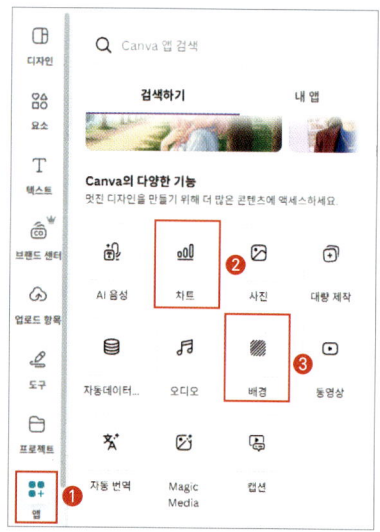

▲ 차트와 배경 앱 연동

02 ❶[배경]을 클릭하여 내가 원하는 배경을 선택합니다. ❷노란색 배경을 사용해보겠습니다.

▲ 배경 선택

03 ❶[차트]를 클릭하여 ❷[단일 색상 막대]를 선택합니다.

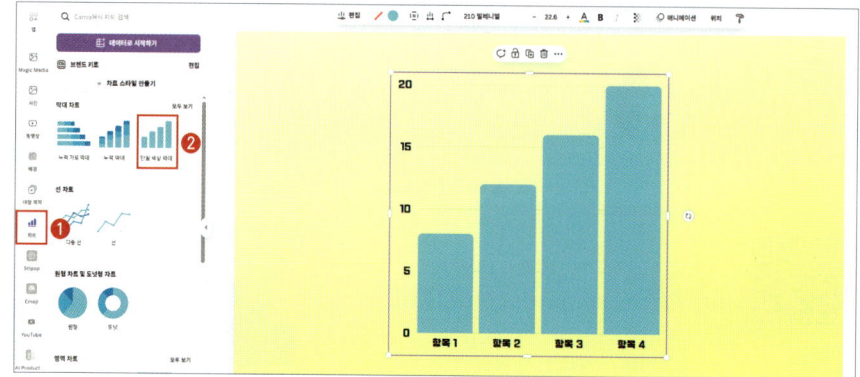

▲ 차트에서 막대 그래프 선택

안쌤의 꿀팁 학년군에 따라 원형그래프, 꺾은선 그래프를 사용하셔도 좋습니다.

04 ❶차트를 더블클릭하면 Ⓐ[데이터 메뉴]가 활성화됩니다. 학생들이 조사한 항목으로 데이터를 수정합니다. Ⓑ수치를 수정하면 막대그래프의 모양이 자동으로 바뀌게 됩니다.

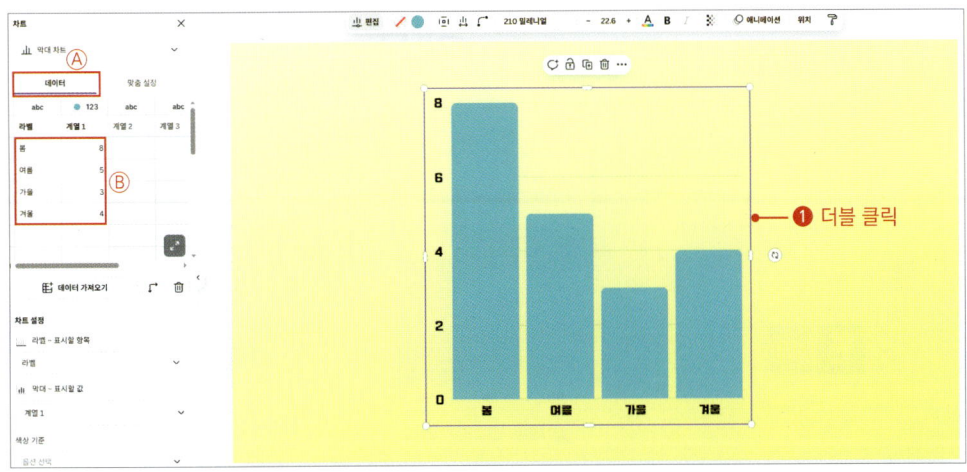

▲ 데이터 수정

안쌤의 꿀팁 데이터 라벨이 4개보다 많을 경우 라벨을 더 추가하여 입력하면 그래프를 추가하여 생성할 수 있습니다.

05 데이터 수치가 입력되었다면 막대그래프를 꾸며봅니다. 막대그래프의 클릭하여 원하는 색으로 바꿔줍니다.

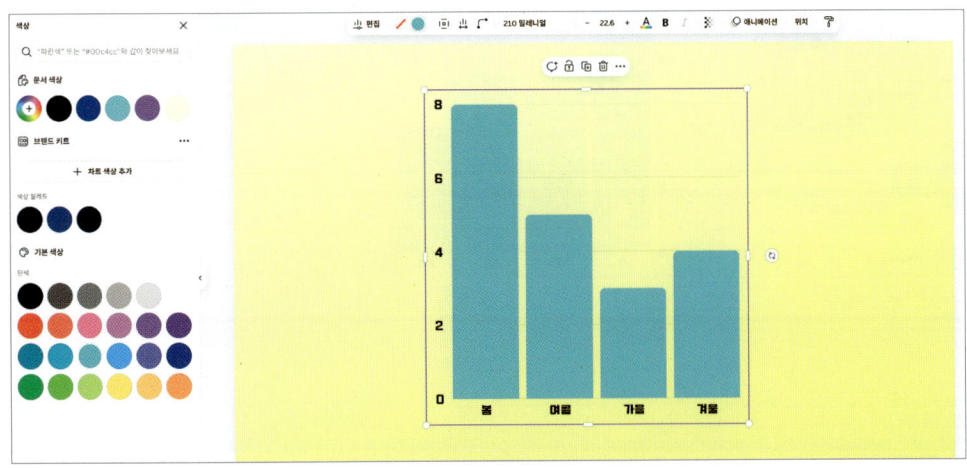

▲ 그래프 색상 변경

06 좌측 메뉴에서 ❶[텍스트], ❷[제목 추가]를 클릭하여 그래프의 제목을 입력합니다. ❸[약간의 본문 텍스트 추가]를 클릭하여 그래프 해석 결과를 적어주세요. ❹색상 및 글꼴을 바꿔주세요.

▲ 제목 및 내용 입력

07 ❶[요소]를 클릭하여 그래프에 어울리는 요소를 추가합니다.

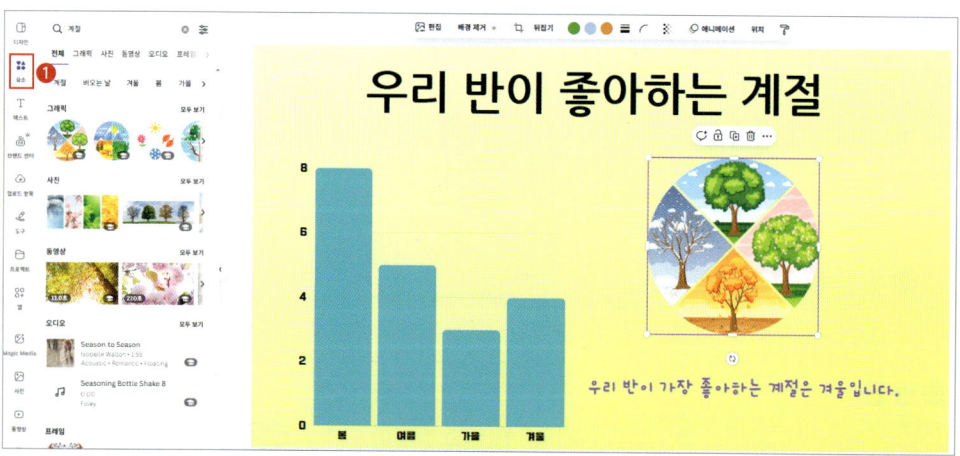

▲ 요소 추가

5-3 인공지능과 협업하여 시화 만들기
▶ 템플릿 : 프레젠테이션

　이 수업은 학생들이 직접 쓴 시를 인공지능의 도움을 받아 이미지로 시각화하는 시화 프로젝트 활동입니다. 글과 그림을 모두 스스로 만들어야 했던 기존 시화와 달리, 이번 활동에서는 학생이 쓴 시의 분위기나 장면을 AI에게 설명하면, 그에 맞는 이미지를 생성해주는 'Magic Media' 기능을 활용합니다. 학생들은 시의 내용을 어떤 이미지로 표현할지 고민하며 프롬프트를 작성하고, 생성된 이미지를 바탕으로 시와 어울리는 구성을 완성해 나갑니다. 창작에 대한 부담은 줄이면서도 표현력, 상상력, 언어 감수성, 디지털 도구 활용력까지 함께 기를 수 있는 융합형 수업으로, 국어(시 쓰기)뿐 아니라 미술(구성과 표현), 정보(생성형 AI 활용)와도 자연스럽게 연계됩니다. 함께 따라해볼까요?

▲ 학생 수업 사례

 https://m.site.naver.com/1K6GZ

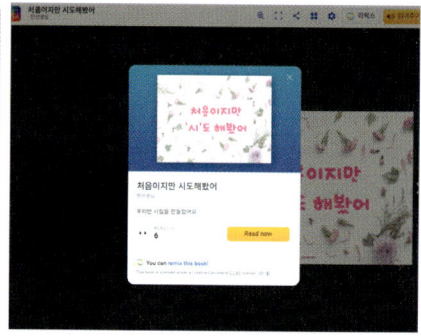
▲ 시화 학생 작품 완성 파일

01 기본 템플릿을 준비합니다. ❶[앱]에서 ❷[배경]과 ❸[Magic media]를 클릭하여 앱 연동을 해주세요.

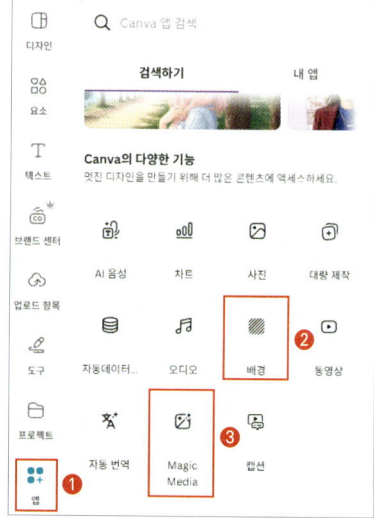
▲ 배경과 Magic media 연동

02 ❶[배경]을 클릭하여 시에 어울리는 배경을 선택합니다.

▲ 배경 선택

03 ❶[텍스트], ❷[제목 추가], ❸[텍스트 상자 추가]를 클릭하여 각각 제목과 시의 내용을 입력합니다. ❹[상단 메뉴]에서 글꼴과 색상을 변경해주세요.

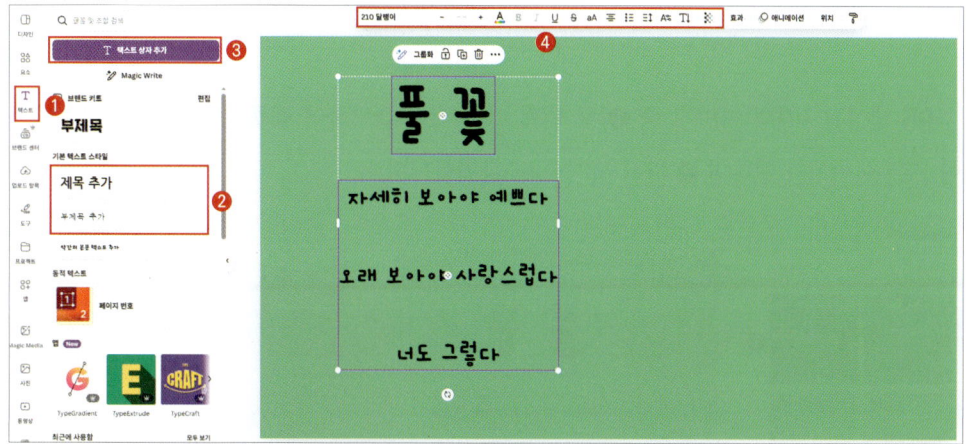

▲ 시 입력하기

04 템플릿 우측에 시화를 그려보겠습니다. ❶[Magic media] 앱을 클릭 후 ❷[시에 어울리는 프롬프트]를 입력합니다. ❸[스타일]을 눌러 그려질 이미지의 화풍을 선택합니다. ❹일본 애니메이션 화풍을 선택 후 [이미지 생성하기]를 클릭합니다.

▲ 시에 어울리는 프롬프트 입력

안쌤의 꿀팁 Magic media 앱을 활용하려면 앱에서 검색하여 추가합니다.

안쌤의 꿀팁 인공지능에 대한 신뢰도 문제로 Magic Media와 같은 생성형 AI 기능은 만 13세 미만 학생들이 사용하기에 부적절할 수 있습니다. AI가 생성하는 이미지의 결과물이 예측과 다를 수 있고, 일부 부적절한 표현이 포함될 가능성도 있기 때문에 수업 전 충분한 안내와 함께 활용하는 것이 중요합니다. 프롬프트 작성 예시를 제시하거나, 활동 목적을 명확히 안내한 뒤 사용하면 학생들이 보다 안전하고 책임감 있게 AI 도구를 사용할 수 있습니다.

05 생성된 4개의 이미지 중 ❶[두 번째 이미지]를 클릭하여 템플릿에 삽입합니다. 마음에 드는 이미지가 없다면 ❷[다시 생성하기] 클릭합니다.

▲ 생성형 이미지 삽입

안쌤의 꿀팁 생성된 학생들의 시집을 모아 e북 출판 또는 학급문집으로 제본해보세요.

5-4 차별을 해결하는 포스터 전시회
▶ 템플릿 : 포스터

이 수업은 학생들이 우리 사회에 존재하는 다양한 차별 문제를 직접 탐구하고, 이를 해결하기 위한 자신만의 메시지를 포스터로 표현해보는 프로젝트 활동입니다. 단순한 지식 전달을 넘어, 학생들이 스스로 주제를 선택하고 문제의식과 해결방안을 시각적으로 전달해보는 경험을 통해 시민의식, 비판적 사고력, 표현력을 함께 기를 수 있습니다. 학생들이 제작한 자료를 전시했던 사례를 만나볼까요?

▲ 학생 제작 사례

01 캔바 템플릿 검색창에 ❶[포스터]를 검색한 뒤 ❷템플릿을 선택합니다.

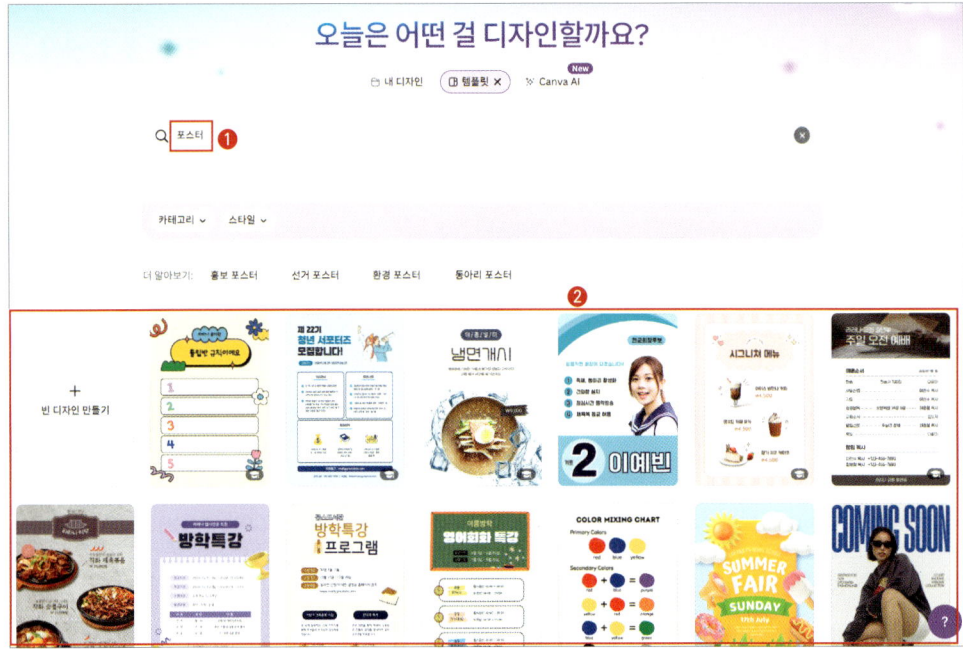

▲ 포스터 선택

02 자신만의 메시지를 담은 작품을 제작합니다.

▲ 포스터 제작

03 학생들 작품을 인쇄 후 작품 설명을 적은 포스터를 직접 꾸며봅니다.

▲ 포스터 꾸미기

`안쌤의 꿀팁` 공유-다운로드를 눌러 인쇄할 수 있어요

04 완성된 작품은 전시하고, 차별에 반대하는 우리의 다짐을 함께 나누는 시간을 가져봅니다.

▲ 작품 전시

5-5 다른 나라 소개 자료 만들기
▶ 템플릿 : 콜라주

　콜라주는 여러 이미지와 글, 그래픽 요소를 조합해 하나의 화면에 구성하는 시각 표현 방식으로, 정보를 창의적으로 정리하고 전달할 수 있는 디자인 기법입니다. 이 수업은 콜라주 템플릿을 활용해 학생들이 직접 한 나라를 선택하고, 그 나라의 특징을 시각적으로 구성해보는 문화 탐구 활동입니다. 단순한 정보 나열이 아닌, 이미지와 간단한 텍스트를 조합하여 하나의 디자인으로 표현해보며 학생들은 정보를 선별하고 요약하는 능력, 시각적으로 전달하는 감각까지 함께 기르게 됩니다. 다른 나라 소개하는 수업 이외에도 나를 소개하는 콜라주 제작, 우리 마을 소개하기 등으로 활용할 수 있습니다. 함께 따라해볼까요?

▲ 학생 수업 사례

https://m.site.naver.com/1K6I4

▲ 베트남 소개 자료 제작 실습 따라하기

01 캔바 템플릿 검색창에 ❶콜라주를 검색한 후 편집하고 싶은 디자인을 선택합니다.

▲ 콜라주 템플릿 디자인 선택

02 기본적인 틀을 유지한 상태에서 ❶제공된 사진을 삭제하고 ❷제목 및 텍스트를 수정합니다.

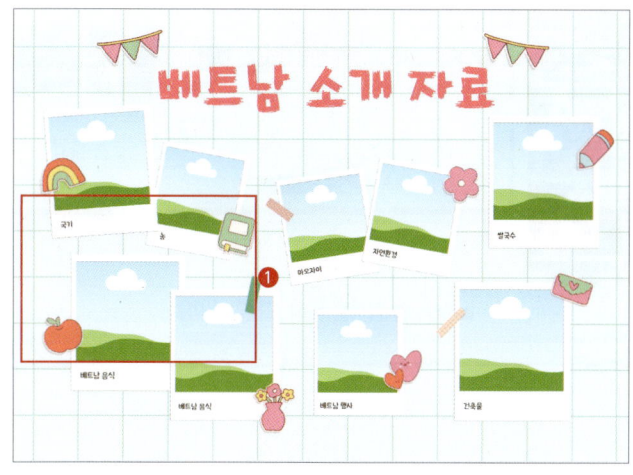

▲ 콜라주 템플릿 수정

5장 캔바로 이런 수업 어때요?

03 앱에서 ❶[사진]을 클릭하여 앱을 연동합니다.

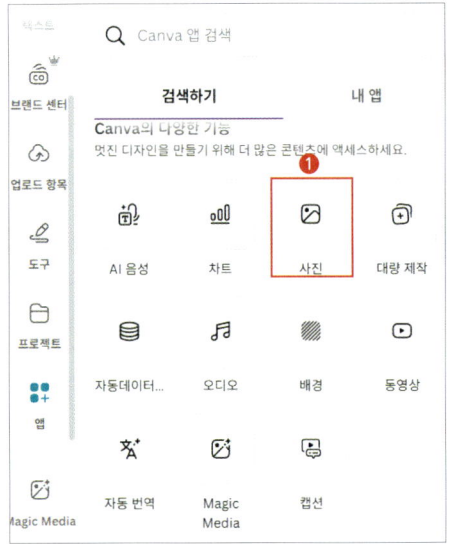

▲ 사진 앱 연동

안쌤의 꿀팁 발표수업을 진행할 경우 시각적인 효과를 주기 위해 동영상 앱을 활용하여 영상을 삽입해도 좋습니다.

04 ❶[사진] 앱을 클릭 후 ❷[베트남 문화]를 검색합니다. ❸원하는 사진을 프레임 속으로 드래그해서 삽입합니다. ❹나머지 프레임도 모두 채워주세요.

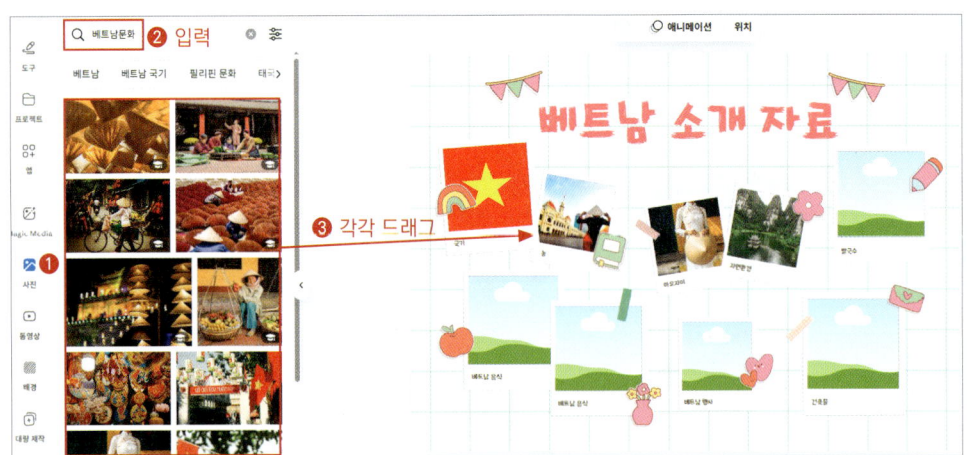

▲ 사진 앱 검색을 통해 프레임 꾸미기

05 베트남 소개 자료가 완성되었으면 전체 화면 ❶[프레젠테이션 아이콘]을 클릭하여 소개 자료를 발표합니다.

▲ 제작한 콜라주 자료 발표

5-6
우리반 로고 만들기
▶ 템플릿 : 스티커 또는 로고

학급 또는 동아리를 더욱 돈독하게 만들어줄 수 있는 특별한 방법, 바로 우리만의 로고 만들기입니다. 이 수업은 학생들이 소속된 학급 또는 동아리의 정체성과 개성을 담은 로고를 직접 디자인하고, 그 로고를 활용해 굿즈(명찰, 스티커, 에코백, 배지, 카드 등)로 제작해 보는 활동입니다.

▲ 동아리 로고 제작 사례

01 캔바 홈 검색창에 ❶[스티커] 또는 ❷[로고]를 검색합니다. ❸원하는 템플릿을 선택합니다.

▲ 스티커 검색

▲ 로고 검색

02 선택한 템플릿에 디자인을 시작합니다. ❶텍스트를 클릭하여 원하는 문구로 수정합니다.

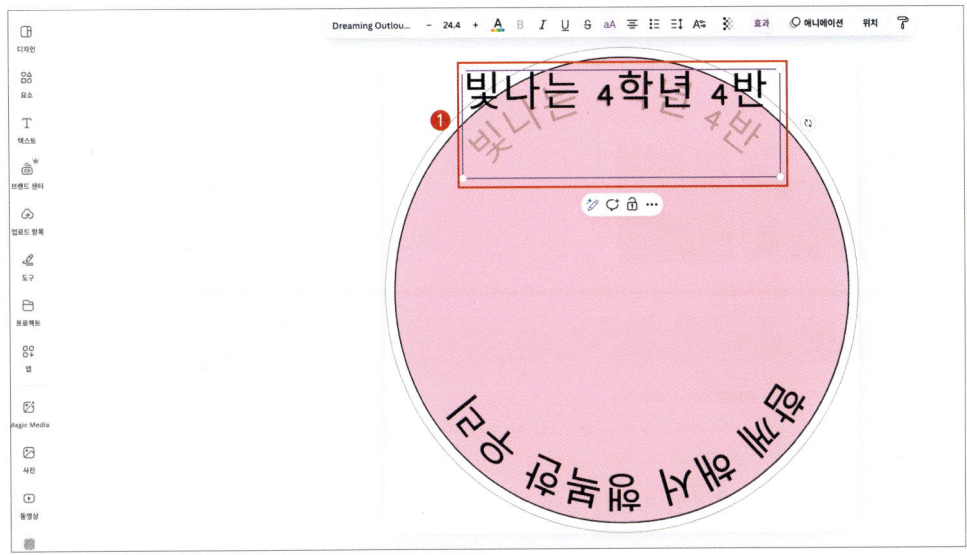

▲ 로고 문구 수정

03 로고 중앙에 프레임을 활용해 우리 반 사진을 넣어도 좋습니다. ❶[요소], ❷[프레임]을 클릭하여 원형 프레임을 로고 디자인 가운데에 삽입합니다.

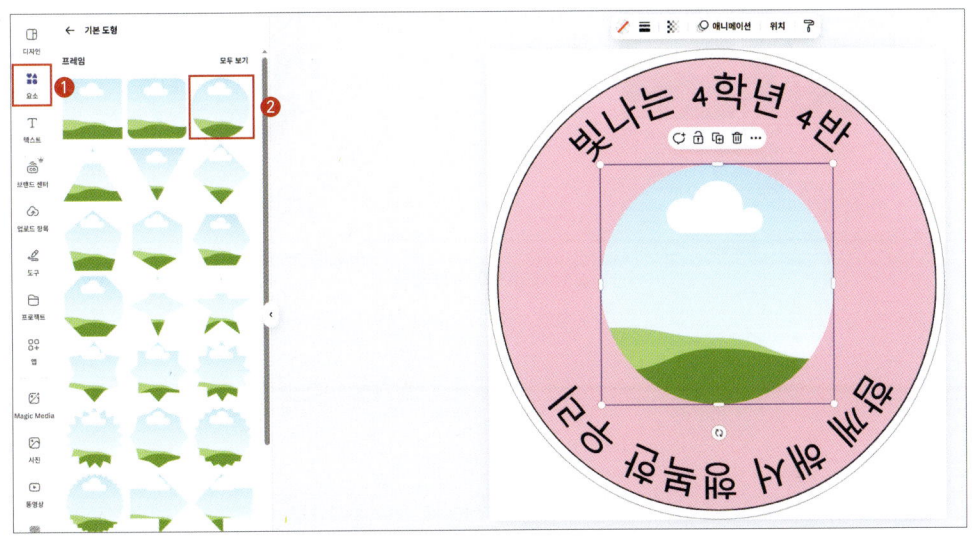

▲ 로고 제작

04 ❶[업로드 항목], ❷[파일 업로드]를 클릭하여 학생 사진을 업로드합니다.

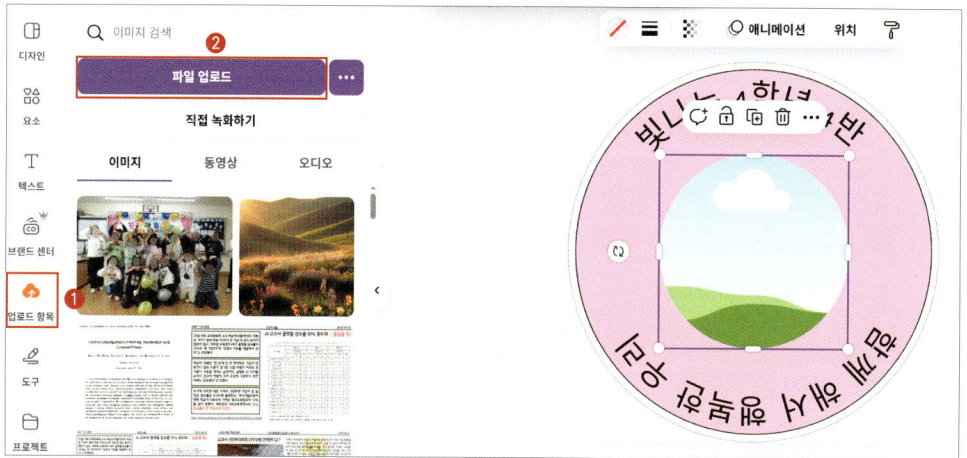

▲ 로고 사진 업로드(학생)

05 ❶[이미지]를 드래그하여 프레임에 넣어주세요.

▲ 프레임에 이미지 삽입

06 ❶[공유], ❷[다운로드]를 클릭하여, PNG 파일로 저장합니다.

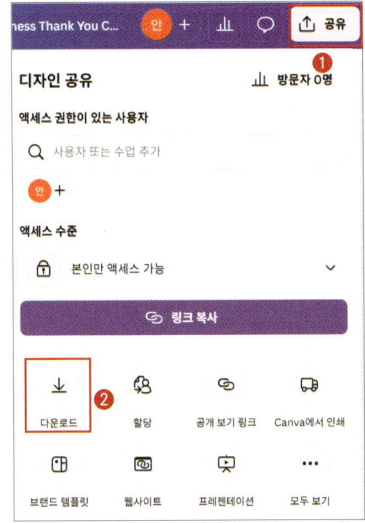

▲ 이미지 파일로 저장

안쌤의 수업 활용 노하우 ▶ PNG 파일을 스티커로 출력하는 방법

스티커 제작 사이트(https://naver.me/5QieYKRJ)나 포토 프린터 앱에 로고 PNG 파일을 업로드하면 손쉽게 스티커로 출력할 수 있습니다. 로고 크기 조절도 가능하니, 학급 수첩, 개인 노트, 기념품 등에 다양하게 활용해보세요!

▲ 스티커로 인쇄한 학급 로고

5-7 4컷 만화 만들기

▶ 템플릿 : 컷툰

학생들이 자신의 생각이나 경험, 상상 속 이야기를 간단하고 재미있게 표현해볼 수 있는 활동이 바로 4컷 만화입니다. 이 활동은 줄글이 아닌 시각적 흐름으로 이야기의 구조를 표현하기 때문에, 글쓰기에 부담을 느끼는 학생들도 자연스럽게 창작에 참여할 수 있습니다. 장면별 흐름 구성부터 말풍선 삽입, 인물 배치까지 쉽게 구현할 수 있어, 이야기 구성력, 표현력, 시각적 사고력까지 함께 기를 수 있는 활동입니다. 지금부터 함께 만들어볼까요?

▲ 학생 수업 사례

https://m.site.naver.com/1K8KT

▲ 4컷 만화 제작 실습 따라하기

01 캔바 템플릿 검색창 ❶[네컷만화 또는 컷툰]을 검색한 후 ❷원하는 템플릿을 선택합니다.

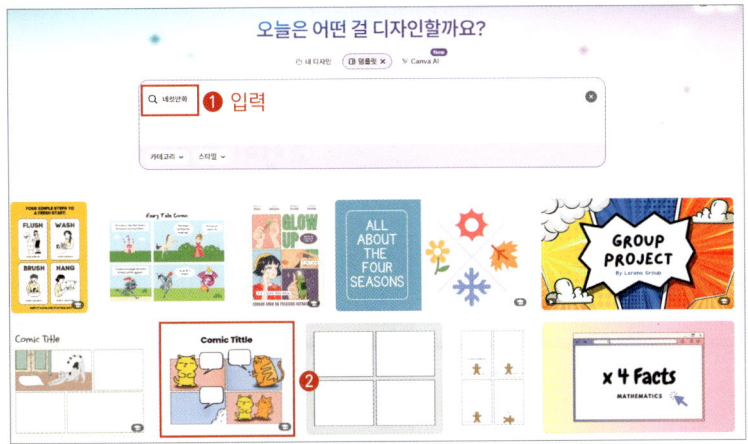

▲ 네컷만화 템플릿 선택

02 기본적으로 네컷만화 또는 컷툰 템플릿은 학생들이 자유롭게 꾸밀 수 있는 요소들이 들어 있습니다. 슬라이드 2번 3번의 요소를 복사하여 내용을 추가하거나 다른 슬라이드에 복사하여 활용할 수 있습니다. 슬라이드를 확인해보겠습니다.

▲ 1번 슬라이드

▲ 2번 슬라이드   ▲ 3번 슬라이드

03 ❶[텍스트], ❷[텍스트 상자 추가]를 클릭하여 말풍선에 인물의 대사를 삽입합니다.

▲ 텍스트 삽입

04 ❶[요소]에서 ❷[만화]를 검색합니다. 만화의 다양한 요소를 활용하여 템플릿을 꾸며 줍니다.

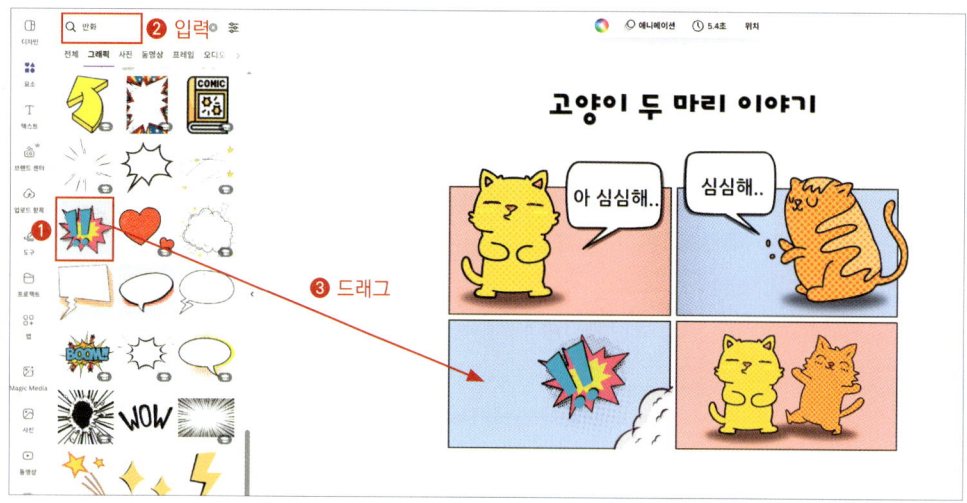

▲ 만화 요소 활용

05 하단 ❶[첫 번째 슬라이드]를 클릭 후 ❷[점 3개]를 클릭합니다. Ⓐ페이지 복제를 통해 이야기를 추가적으로 만들 수 있습니다.

▲ 페이지를 복제하여 이야기를 추가

> **안쌤의 수업 활용 노하우** ▶ 4컷 만화의 수업 활용 방법
>
> 4컷 만화는 학생들이 스스로 이야기와 구성을 창작하는 활동이기 때문에, 교사가 내용을 정해주기보다는 템플릿 활용법이나 말풍선, 인물, 배경 등 필요한 요소를 검색하고 배치하는 방법을 안내해주는 것이 좋습니다.

5-8 화이트보드로 브레인스토밍하기
▶ 템플릿 : 화이트보드

캔바에 아이디어를 나누는 협력 수업 템플릿이 있다는 사실, 알고 계신가요? 바로 화이트보드입니다. 화이트보드를 활용하면 학생들과 다양한 생각을 나누는 브레인스토밍 수업이나 문제 해결 활동을 자유롭고 시각적으로 표현할 수 있습니다. 화이트보드에 접속하면 학생들이 스티커를 붙일 수 있는 넓은 배경을 볼 수 있습니다.

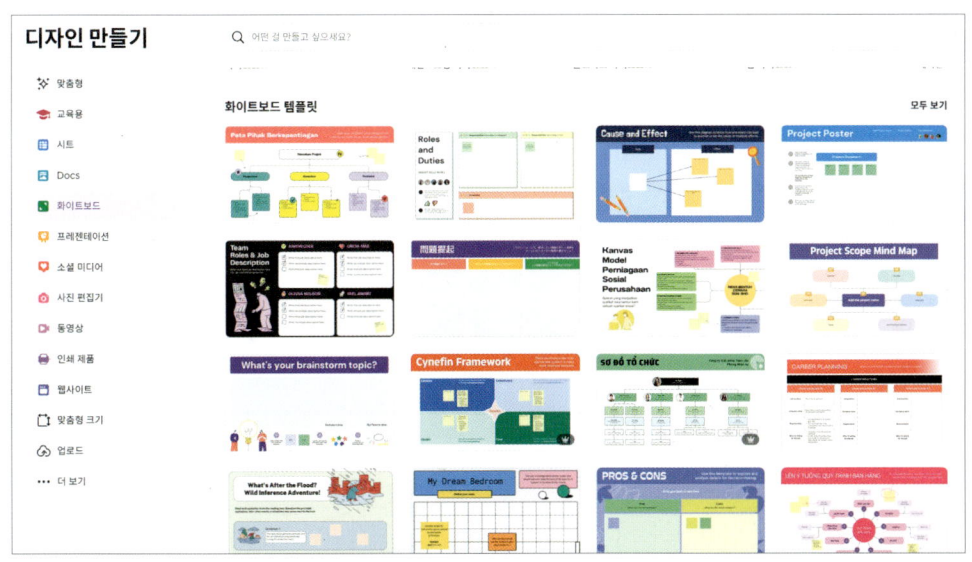

▲ 캔바 화이트보드

포스트잇, 도형, 화살표, 그림 등을 이용해 생각을 확장하고 연결하며, 혼자 또는 모둠이 함께 작업할 수 있어 협업 수업에도 안성맞춤입니다. 복잡한 생각도 정리되고, 학생들의 의견도 자연스럽게 시각화되는 화이트보드 수업, 지금부터 함께 만들어볼까요?

▲ 캔바 화이트보드를 활용한 수업 사례

01 홈 화면에서 ❶[화이트보드]를 클릭합니다.

▲ 화이트보드 클릭

02 ❶[요소], ❷[스티커 메모]를 클릭합니다. 스티커 메모가 템플릿으로 들어간 것을 확인할 수 있습니다.

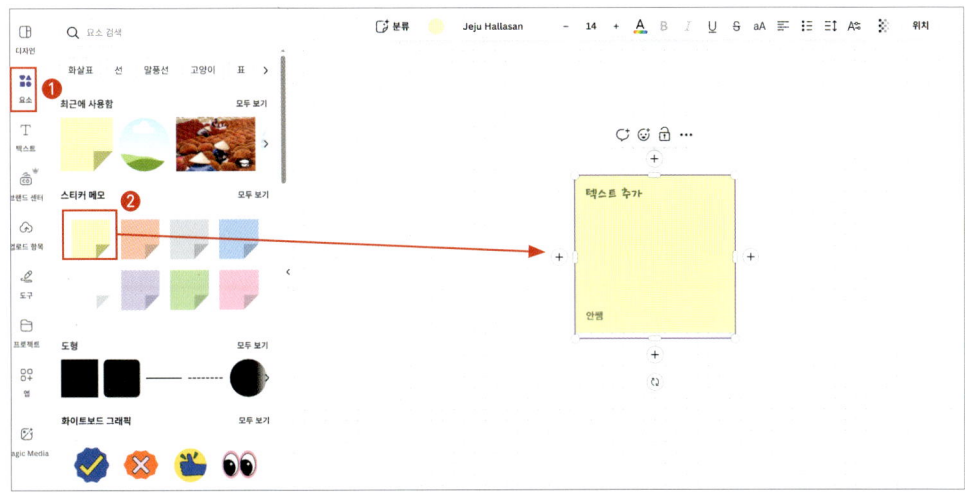

▲ 요소의 스티커 메모 활용

안쌤의 꿀팁 화이트보드 템플릿은 기본 요소에 스티커 메모가 포함되어 있습니다. 자유롭게 스티커 메모를 붙이며 의견을 나눠보세요.

03 학생들이 들어와 의견을 남길 수 있는 포스팃을 미리 제작합니다.(학생들이 들어와 직접 스티커를 활용할 수도 있습니다.) 스티커 메모를 만드는 단축키인 [S] 키를 눌러 스티커 메모를 빠르게 만드실 수 있습니다.

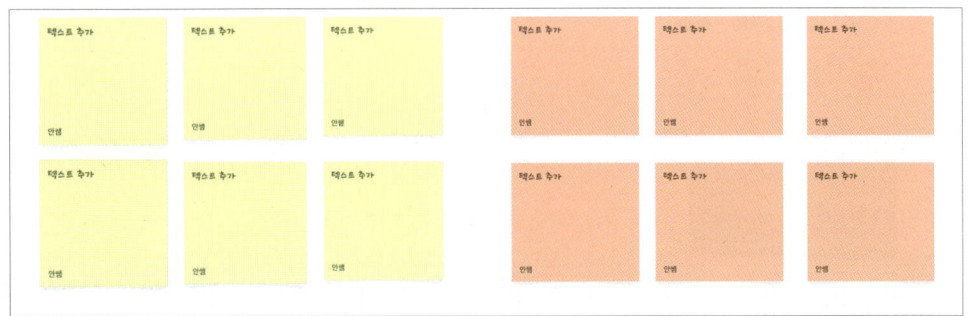

▲ 스티커 준비하기

안쌤의 꿀팁 스티커 메모의 좌측 하단에 사용자 아이디가 남는 것이 싫다면 스티커 위에 마우스 오른쪽 버튼을 클릭하여 이름 삭제를 눌러주세요.

04 마우스 ❶[오른쪽 버튼] 클릭 후 ❷[잠금], ❸[부분 잠금]을 클릭합니다. 부분 잠금을 하면 포스팃 이동 및 삭제가 불가능하고 의견만 텍스트로 남길 수 있습니다.

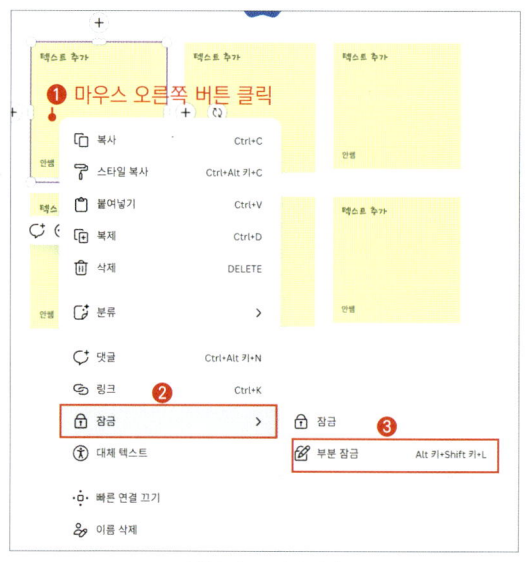

▲ 부분 잠금 선택하면 글

05 ❶[요소], ❷[화이트보드 그래픽]을 활용하여 템플릿을 꾸며줍니다.

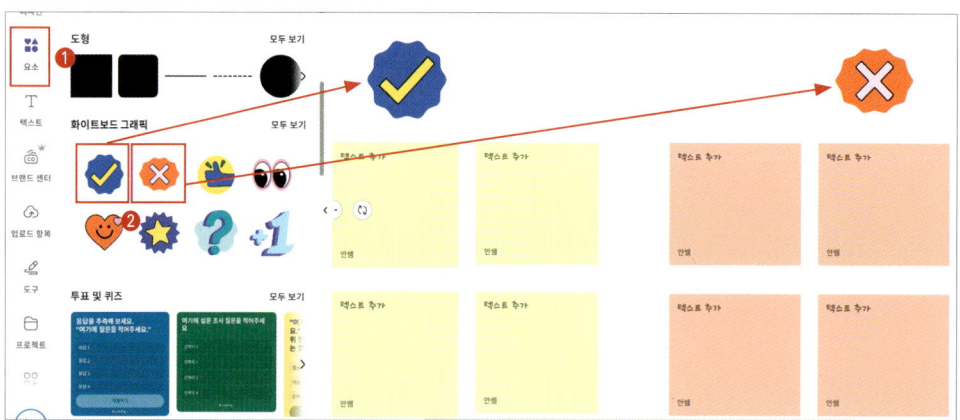

▲ 화이트보드 그래픽 활용

06 ❶[텍스트], ❷[제목추가]를 눌러 ❸텍스트를 삽입 후 수업 주제를 적어주세요.

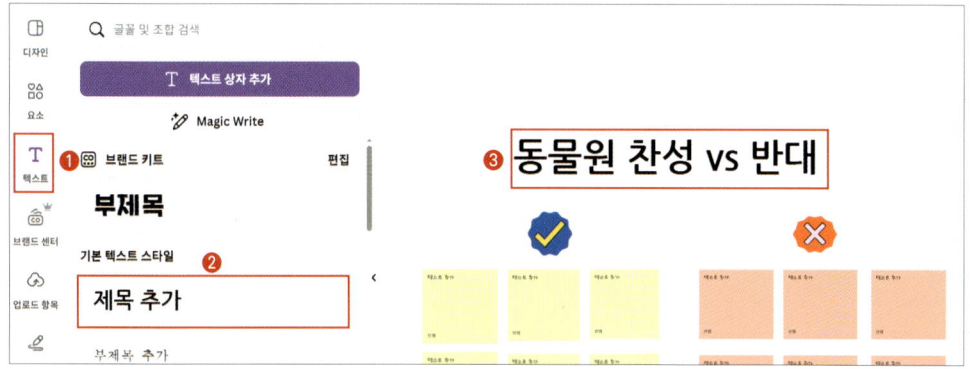
▲ 제목 입력

07 화이트보드 사용이 준비되었다면, 학생들과 협업할 수 있는 링크를 생성해보겠습니다. ❶[공유]를 클릭 후 ❷엑세스 수준을 링크가 있는 모든 사용자 그리고 편집 가능으로 바꿔줍니다. ❸[링크 복사]를 클릭하면 클립보드에 공유 링크가 저장되게 됩니다. 복사된 공유 링크를 학생들에게 전달하여 협업을 진행합니다.

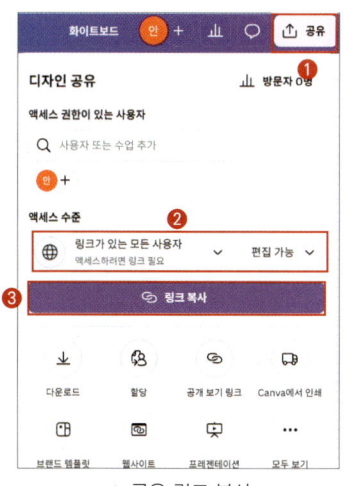
▲ 공유 링크 복사

> **안쌤의 수업 활용 노하우** ▶ 화이트보드 제대로 사용하는 방법
>
> 화이트보드를 처음 사용하면 어색하다고 느끼는 분들이 많습니다. 그 이유는 바로 화면이 내 마음대로 안 움직이는 것 같은 느낌 때문입니다. 이럴 땐 다음과 같은 조작법을 알아두면 훨씬 편하게 사용할 수 있어요!
> ❶ 스페이스바를 누른 상태에서 마우스를 드래그하면 화면을 자유롭게 이동할 수 있습니다.
> ❷ [Ctrl] 키를 누른 채 마우스 휠을 굴리면 화면 확대/축소도 조절할 수 있어요.
> 이 기본 조작법만 익혀도 화이트보드 사용이 편해집니다.

5-9 과자 봉지를 따라 그려볼까요?

이 활동은 실제 과자 봉지를 배경으로 불러온 뒤, 그 위에 펜 도구를 활용해 따라 그리고, 완성된 그림만 남겨 전시하는 디지털 드로잉 활동입니다. 학생들은 먼저 자신이 좋아하는 과자 봉지 이미지를 캔바에 불러오고, 도구 기능으로 외곽선과 디자인 요소를 하나씩 따라 그려보며 시각적 관찰력을 기릅니다. 그림이 완성되면 원래 배경 이미지를 삭제하고, 자신이 따라 그린 과자 봉지 일러스트만 남겨 전시용 결과물을 만들 수 있습니다. 함께 따라해 볼까요?

▲ 학생 수업 사례

 https://m.site.naver.com/1K9F9

▲ 과자 봉지 일러스트 그리기 실습 템플릿

01 자신이 좋아하는 과자 봉지를 사진 촬영하거나, 검색포털 이미지에서 다운로드 받습니다. ❶[업로드 항목], ❷[파일 업로드]를 클릭해 과자 봉지 이미지를 업로드합니다.

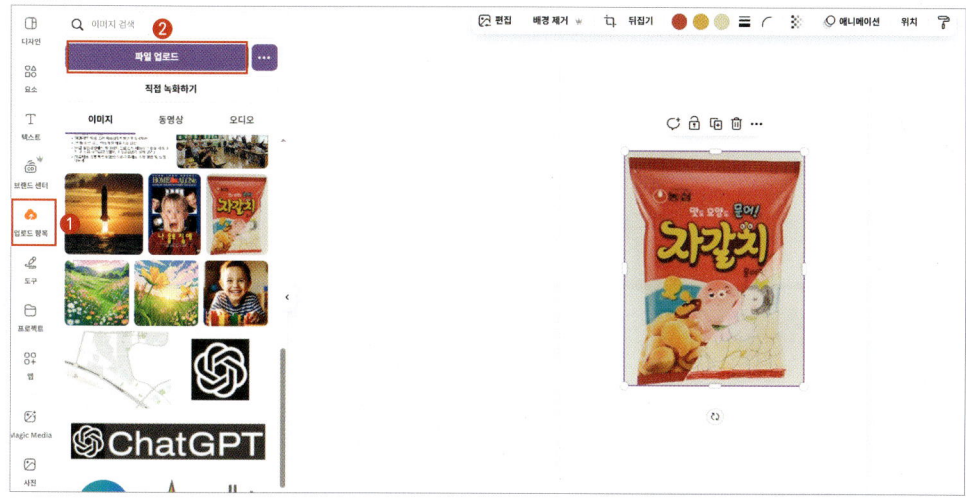

▲ 과자 봉지 업로드

안쌤의 꿀팁 과자 봉지가 아닌 위인, 인물, 자연풍경, 캐릭터 등 학생들이 좋아하는 주제로 수업을 진행해도 좋습니다.

02 ❶[마우스 오른쪽 버튼] 클릭하고 ❷[이미지를 배경으로 설정]을 클릭합니다.

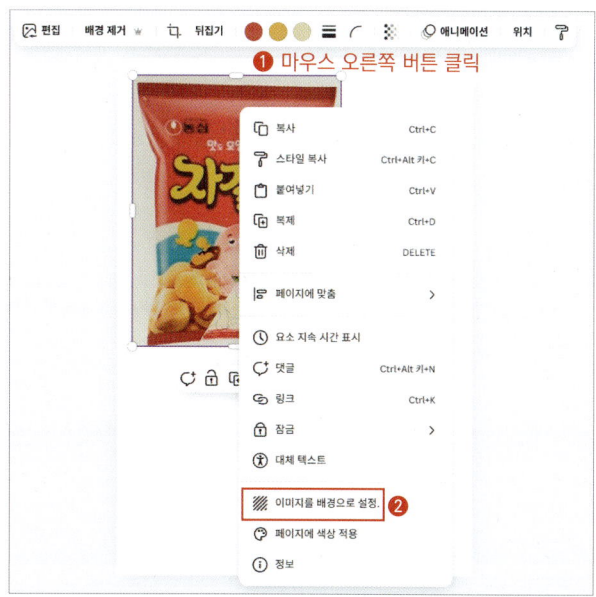

▲ 이미지 배경으로 설정

5장 캔바로 이런 수업 어때요? **197**

03 학생들이 따라 그릴 수 있도록 ❶[투명도 아이콘]을 누른 후 ❷투명도 값을 30~40으로 조정합니다.

▲ 투명도 조정

04 과자 봉지를 따라 색칠할 펜을 선택합니다. ❶[도구], ❷[펜], ❸[펜 종류], ❹[두께]를 클릭한 후 ❺[두께 값]을 입력합니다. 두께 값을 숫자를 높게 조정하면 빠르게 색칠할 수 있습니다. ❻따라 그리기를 완성합니다.

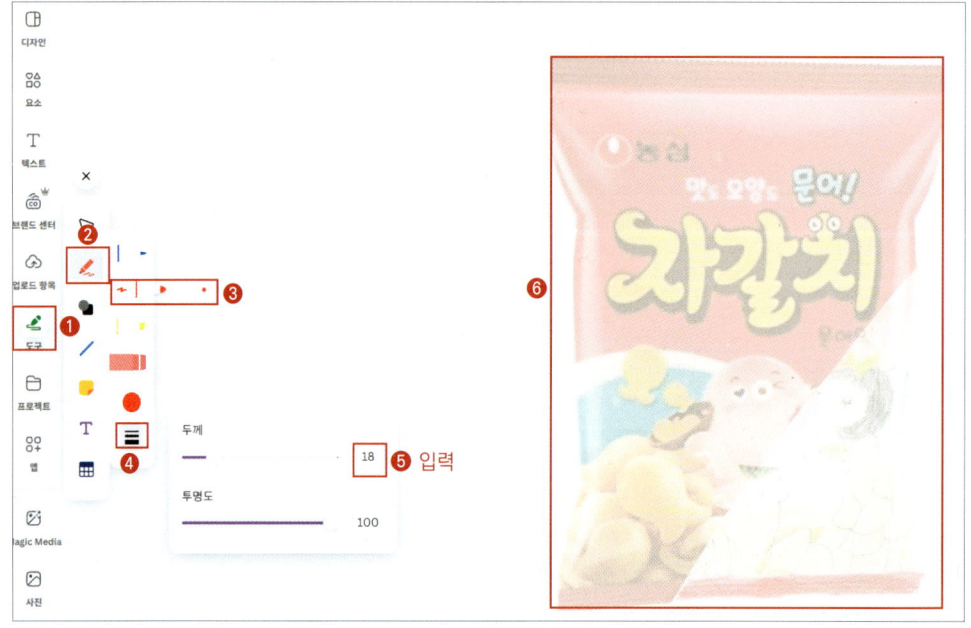

▲ 도구 활용

> **안쌤의 수업 활용 노하우** ▸ 이렇게도 활용해보세요

과자 봉지뿐만 아니라, 인물 사진이나 애니메이션 캐릭터를 따라 그리는 연습용 활동으로도 응용할 수 있습니다. 학생들이 좋아하는 캐릭터를 관찰하며 따라 그리다 보면, 구성 요소를 이해하고 자신의 스타일로 재구성하는 시각 표현력이 자연스럽게 자라납니다.

▲ 캐릭터 따라그리기

5-10 학급 행사 티켓 만들기

▶ 템플릿 : 티켓

　학급에서 열리는 소규모 발표회, 영화 감상회, 전시회, 축제 부스 등 어떤 활동이든 티켓 하나만 있어도 행사 분위기는 한층 더 특별해집니다. 티켓 템플릿을 활용하여 아이들에게 전해 줄 티켓을 직접 디자인 해보는 시간을 가져보겠습니다. 완성된 티켓은 프린트해 나눠 주거나 교실에 전시해 실전감 있는 행사 분위기를 만들어보는 것도 추천합니다. 우리 반만의 특별한 초대, 지금부터 함께 만들어볼까요?

▲ 교사가 제작한 우리 반 연극 발표회 티켓 사례

https://m.site.naver.com/1Kb0i

▲ 학급 행사 티켓 예시

01 캔바 템플릿 검색창에 ❶[티켓]을 검색한 후 템플릿을 클릭하여 디자인 준비합니다.

▲ 티켓 템플릿 검색

02 ❶티켓 제목 및 날짜를 수정합니다. ❷필요하지 않은 요소는 삭제하여 준비합니다.

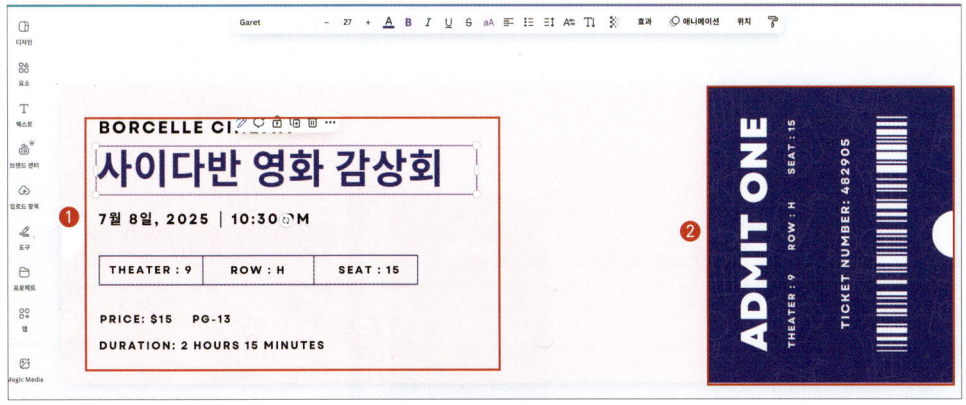

▲ 티켓 기본 문구 수정하기

03 미리 다운로드한 영화 포스터를 업로드해 보겠습니다. ❶[업로드 항목], ❷[파일 업로드]를 클릭하여 영화 포스터를 업로드합니다. 영화 포스터를 템플릿에 삽입합니다.

▲ 영화 포스터 업로드

04 학생들에게 나눠주기 위해 다운로드 받아 인쇄를 준비합니다. ❶[공유], ❷[다운로드]를 클릭합니다.

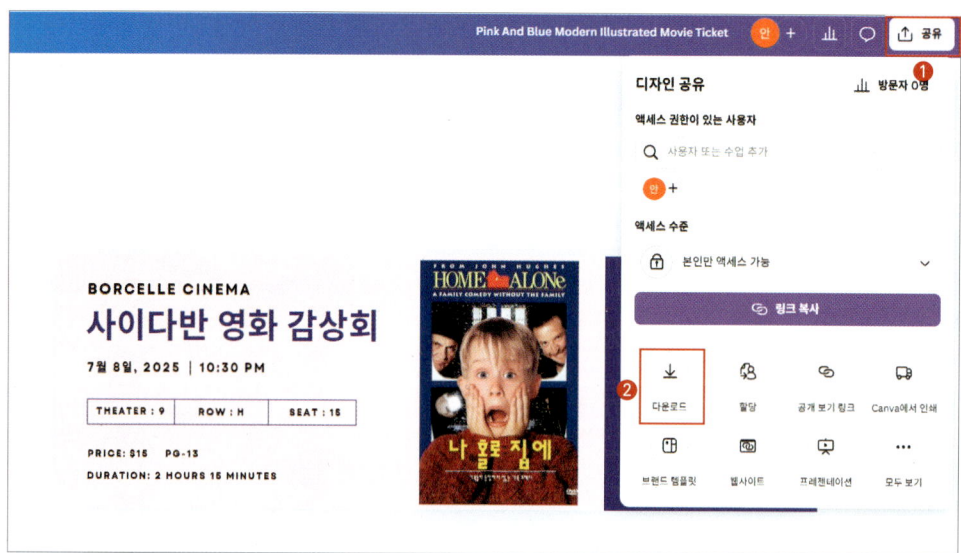

▲ 다운로드 클릭

05 ❶[파일형식]을 JPG 또는 PNG로 선택 후 ❷[다운로드]를 클릭합니다.

▲ 제작한 자료 다운로드

> **안쌤의 수업 활용 노하우** 실제 티켓을 활용한 시화 감상회 수업
>
> 실제 티켓을 활용한 수업 사례를 들여다볼까요? 캔바로 시화를 만든 후 학생들과 시화 감상회를 진행했습니다. 이 과정에서 작품의 몰입감을 높이고 전시장의 분위기를 조성하기 위해 사전에 티켓을 배부하였습니다. 감상회 시간이 되면 티켓을 소지하고 전시장에 입장하도록 했습니다.
>
>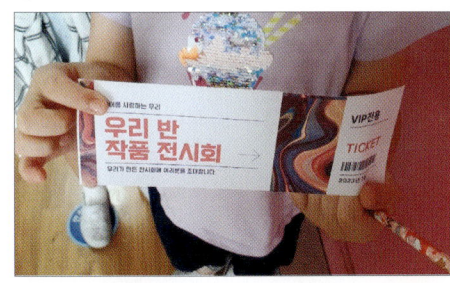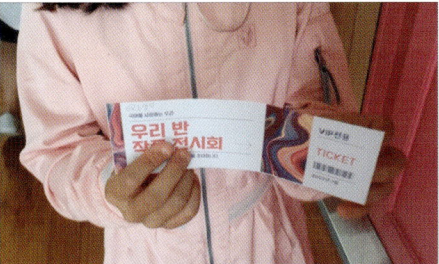
>
>
>
> ▲ 티켓을 활용한 감상수업

6장
캔바, 그 이상의 캔바

캔바는 단순히 디자인을 위한 도구에 그치지 않고, 다양한 플랫폼과 연동되며 콘텐츠 제작, 음성 변환, 음악 생성, 자동화까지 확장되는 에듀테크 허브로 진화하고 있습니다.이번 장에서는 GPT, 오디오북, 뮤직비디오, 대량 문서 자동 제작, 시트 활용 등 캔바를 넘어서 새로운 창작과 교육이 가능한 방식들을 살펴봅니다. 다양한 에듀테크 도구들과 협업하여 미래형 수업으로 확장되는 캔바의 가능성을 함께 경험해보세요. 지금부터 함께 알아봅시다.

6-1 ChatGPT로 내가 원하는 캔바 디자인 찾기

　ChatGPT, 많이 들어보셨죠? ChatGPT는 사람처럼 대화를 나누며 정보를 제공하고, 아이디어를 정리해주며, 문장을 생성해주는 생성형 인공지능 언어 모델입니다. 사용자가 입력한 문장을 이해하고 그에 맞는 내용을 생성해주기 때문에, 궁금한 것을 물어보거나 막막할 때 아이디어를 도와주는 똑똑한 디지털 조력자라고 할 수 있죠.

　"캔바에 템플릿이 너무 많아서 뭘 써야 할지 모르겠어요." "효과적인 포스터 템플릿을 빠르게 찾을 수 없을까요?" 바로 이럴 때 ChatGPT를 활용해 나에게 딱 맞는 템플릿을 추천받을 수 있습니다.

　예를 들어, "학급 신문을 만들고 싶어요"라고 입력하면 신문에 적합한 템플릿의 키워드나 레이아웃 스타일을 알려주고, "졸업카드에 어울리는 문구 추천해줘" 하면 센스 있는 문구까지 함께 제안해주죠.

　이번 활동에서는 ChatGPT와 대화를 나누며 캔바 디자인 방향을 정하고, 관련된 템플릿을 빠르게 탐색하는 방법을 익히게 됩니다.

　디자인의 출발이 고민될 때, 이젠 혼자 고민하지 마세요.

　그럼 지금부터 ChatGPT를 활용하여 캔바 템플릿 추천을 받는 방법, 함께 따라 해볼까요?

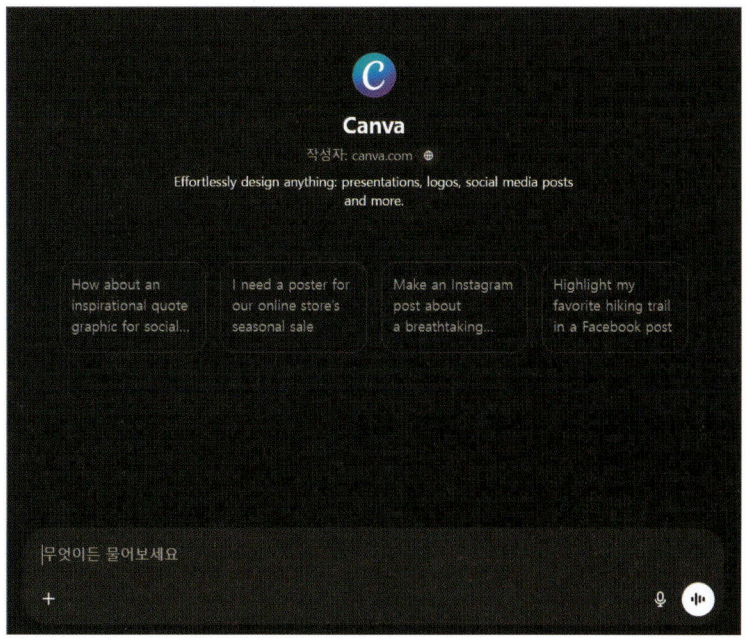

▲ ChatGPT와 만난 캔바

01 챗GPT(ChatGPT)에 접속 후 ❶[회원 가입]을 눌러 회원 가입을 진행합니다.

• https://chatgpt.com/

▲ ChatGPT 회원 가입

6장 캔바, 그 이상의 캔바

02 좌측 메뉴 탭에서 ❶[GPT]를 클릭합니다.

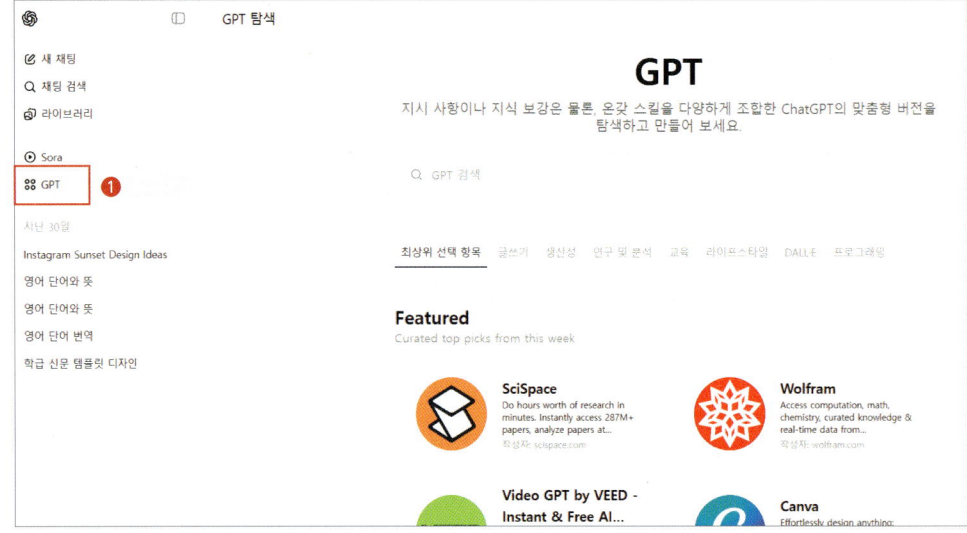

▲ GPT 클릭

안쌤의 꿀팁 GPT탐색하기가 보이지 않는다면 https://chat.openai.com/gpts에서 검색해보세요.

03 검색창에 ❶[Canva]를 검색합니다. 가장 첫 번째에 나오는 ❷[Canva]를 클릭합니다.

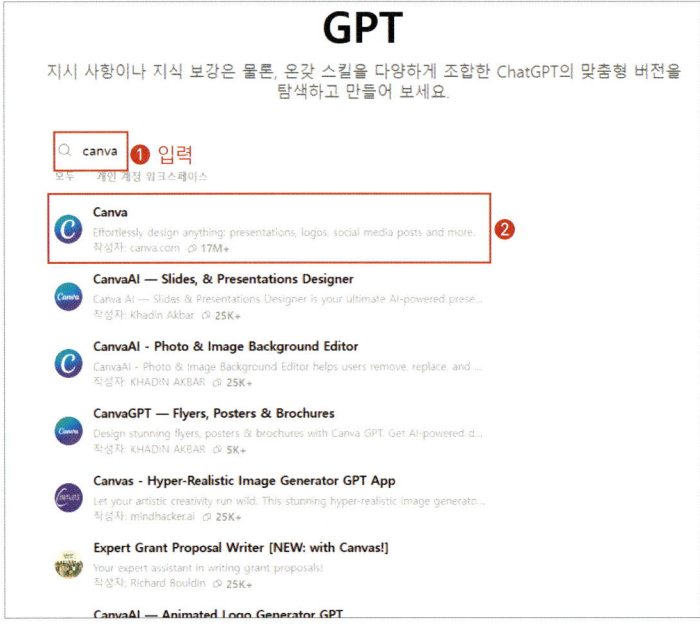

▲ Canva 클릭

04 찾고 싶은 템플릿을 ❶구체적인 명령어로 작성한 후 ❷검색합니다.

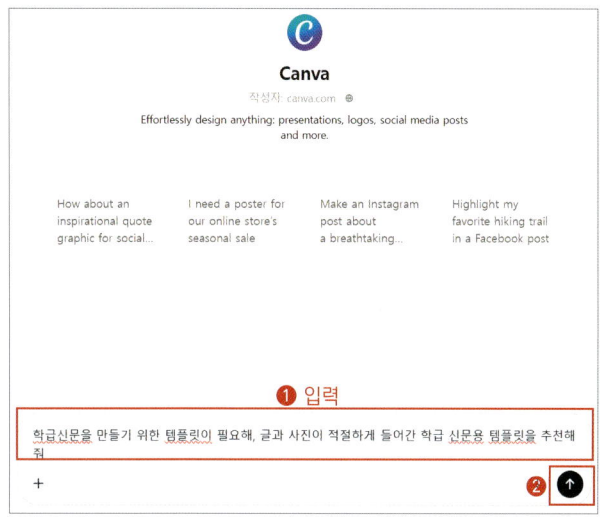
▲ 찾고 싶은 템플릿 검색

05 캔바와 연결하기 위해 ❶[허용하기]를 클릭합니다.

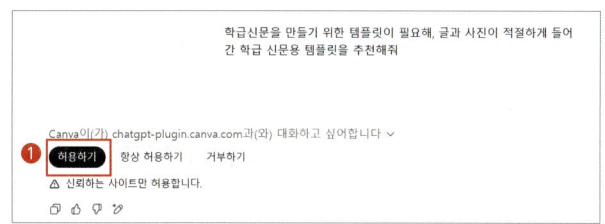
▲ 허용하기를 통한 캔바와 연결

06 GPT에서 추천된 템플릿 중 마음에 드는 것을 선택하면 템플릿 편집 창으로 이동하여 편집을 시작할 수 있습니다. ❶[2번 템플릿]을 클릭해보겠습니다.

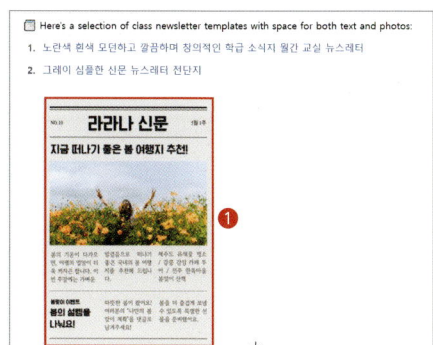
▲ 추천된 템플릿

▲ 템플릿 편집 화면으로 이동

6장 캔바, 그 이상의 캔바

07 템플릿 추천 이외에 추가적인 디자인 문구나 디자인 방향을 추천받을 수 있습니다.

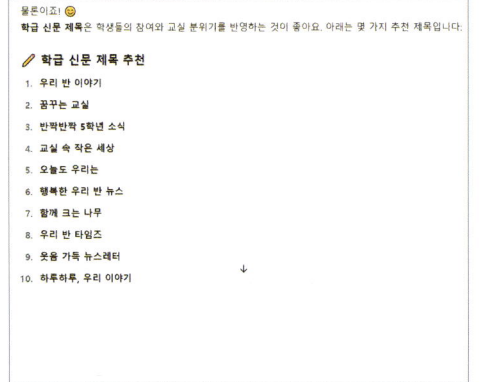

> 학급신문 제목을 추천해줄래? 그리고 어떻게 디자인을 하면 좋을 것 같아?

▲ 디자인에 관한 추가적인 명령

물론이죠! 😊
학급 신문 제목은 학생들의 참여와 교실 분위기를 반영한 것이 좋아요. 아래는 몇 가지 추천 제목입니다.

✏️ **학급 신문 제목 추천**
1. 우리 반 이야기
2. 꿈꾸는 교실
3. 반짝반짝 5학년 소식
4. 교실 속 작은 세상
5. 오늘도 우리는
6. 행복한 우리 반 뉴스
7. 함께 크는 나무
8. 우리 반 타임즈
9. 웃음 가득 뉴스레터
10. 하루하루, 우리 이야기

▲ 추천된 제목 예시

🎨 **디자인 팁 (Canva에서 따라 하기 쉬워요!)**

1. 머리말(헤더)
- 제목을 상단에 큼직하게 배치
- 학기/월 표시 ("2025년 6월호")
- 재미있는 폰트 사용 + 아이콘(연필, 웃는 얼굴, 책 등)

2. 뉴스 구성
- 섹션 분리: 예를 들어 "이번 달 활동", "학생 인터뷰", "선생님 한마디" 등
- 컬럼 스타일로 구성하면 진짜 신문처럼 보여요

3. 사진 활용
- 소풍, 만들기, 체육대회 등 사진 넣기
- 캡션(짧은 설명) 추가로 내용에 생동감을 더할 수 있어요

4. 색감
- 밝고 활기찬 색 추천 (노랑, 민트, 하늘색 등)
- 통일된 색조를 쓰면 깔끔한 인상 줘요

You can customize this with your class colors after opening it in Canva.

5. 학생 참여 공간
- "내가 기자라면?" 코너
- "이번 달 퀴즈" or "친구가 친구에게" 코너 등도 흥미를 끌 수 있어요

▲ 추천된 디자인 방향 제안

6-2 GPT를 활용한 문서 대량생산하기 (영어 단어 카드 영상 제작)

수업 준비를 하다 보면 반복적인 디자인을 여러 장 만들어야 할 때가 많습니다. 예를 들어, 영어 단어 카드를 한 장 한 장 만들다 보면 시간이 너무 오래 걸리고, 내용 입력 실수도 생기기 쉽죠. 이럴 때 캔바의 '대량제작' 기능을 활용하면, GPT로 자동 생성한 단어, 뜻, 예문 데이터를 불러와 수십 장의 단어 카드를 단 몇 분 안에 완성할 수 있습니다. 하나의 디자인을 수십 장으로 확장할 수 있을 뿐 아니라, 내용까지도 GPT가 자동으로 작성해주기 때문에 수업 자료 제작이 훨씬 더 효율적이고 스마트해집니다. 지금부터 대량제작을 활용한 영어 단어 카드 만들기를 실습해보겠습니다.

▲ 대량 제작 앱

 https://m.site.naver.com/1KbdY

▲ 영어 카드 대량 제작 실습 따라하기

01 실습 예제 파일에 있는 영어 단어 카드 제작 템플릿을 준비합니다. ❶[앱], ❷[대량제작]을 클릭하여 앱을 연동합니다.

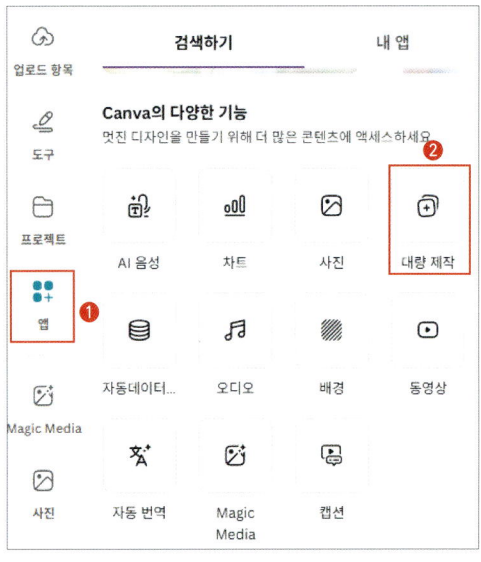

▲ 대량 제작 앱 연동

02 대량제작은 여러 개의 슬라이드를 한 번에 생성하는 기능이기 때문에, 먼저 필요한 데이터가 정리된 엑셀 파일이 필요합니다. 엑셀 파일을 보다 쉽게 만들기 위해 ChatGPT를 활용할 수 있습니다. ❶GPT에 접속한 후 다음과 같이 프롬프트를 입력합니다. ❷[엑셀이 생성되면 영어 단어 엑셀 파일 다운로드]를 클릭하면 (수업 주제에 맞는 프롬프트를 작성하여 엑셀을 생성합니다.) 엑셀 파일이 다운로드 됩니다.

▲ 프롬프트 입력 후 엑셀 파일 다운로드

> **안쌤의 수업 활용 노하우** ▶ 프롬프트(Prompt)란?
>
> AI에게 어떤 작업을 해달라고 요청하는 문장이나 질문을 뜻합니다. 예를 들어 "초등학생용 영어 단어 10개와 뜻, 예문을 표로 정리해줘"와 같이 명확한 지시를 주면 AI가 그에 맞는 결과를 생성해줍니다. 프롬프트를 구체적이고 자세하게 쓸수록 더 정확하고 유용한 자료 등을 얻을 수 있습니다.

03 캔바 대량 제작 앱에서 ❶[데이터 업로드]를 클릭 후 엑셀 파일을 업로드합니다.

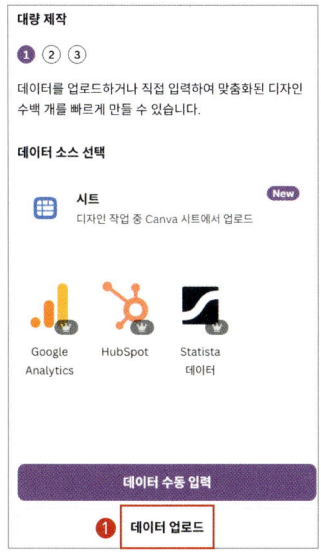

▲ 데이터 업로드

안쌤의 꿀팁 GPT가 생성한 내용을 보며 '데이터 수동 입력'을 통해 직접 타이핑해 넣을 수도 있지만, 슬라이드 수가 많아질수록 작업량도 함께 늘어납니다. 이럴 땐 GPT가 만든 데이터를 엑셀 파일로 저장한 뒤 '데이터 업로드' 기능을 활용하면 훨씬 빠르고 효율적으로 대량 제작할 수 있어요!

04 엑셀의 데이터가 들어오면 ❶[계속하기]를 클릭합니다.

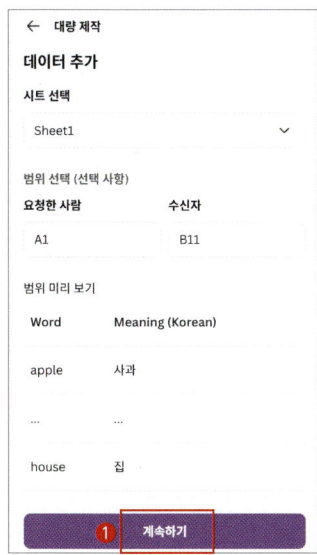

▲ 데이터확인 후 계속하기 클릭

05 엑셀의 데이터를 슬라이드의 요소와 연결해주는 작업이 필요합니다. ❶[영어 단어에 마우스 오른쪽 버튼]을 눌러 ❷[데이터 연결]을 클릭합니다.

▲ 데이터를 요소에 연결하기

06 연결할 데이터를 선택합니다. '영어 단어' 텍스트의 경우 word의 열 데이터가 들어가야 합니다. 따라서 ❶[word]를 클릭합니다. 같은 방법으로 '한글 뜻' 텍스트도 Meaning과 데이터 연결을 해줍니다.

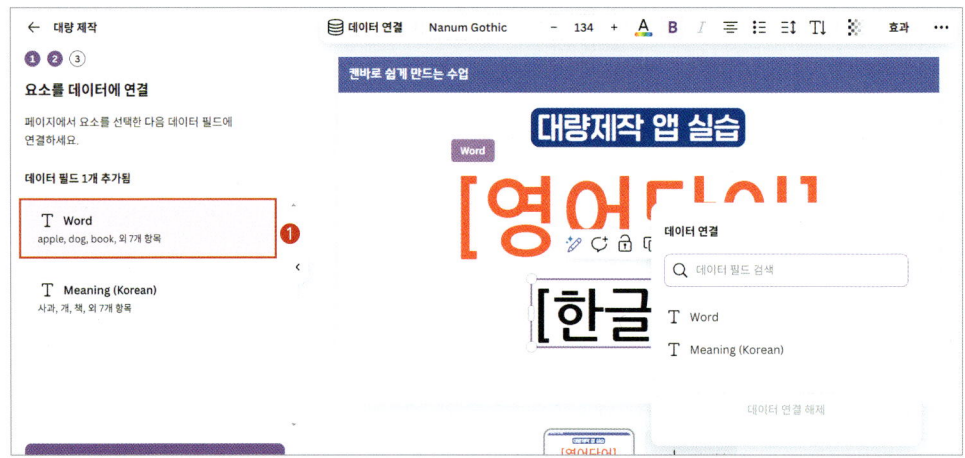

▲ 각각의 요소에 데이터 연결하기

07 데이터 필드가 연결된 것을 확인 후 ❶[계속]을 클릭합니다.

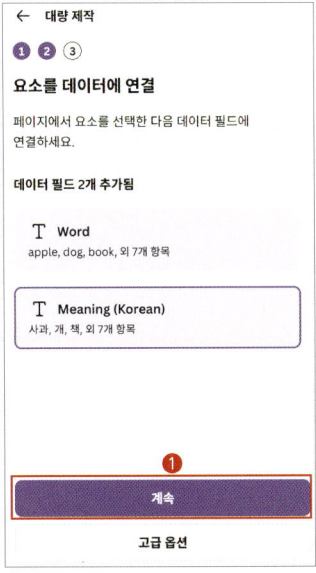

▲ 데이터 연결 확결 확인 후 계속

08 ❶[디자인 10개 생성]을 클릭합니다.

▲ 디자인 생성

09 캔바 홈 화면에서 최근 디자인을 확인합니다. 최상단에 위치한 ❶[템플릿]을 클릭합니다.

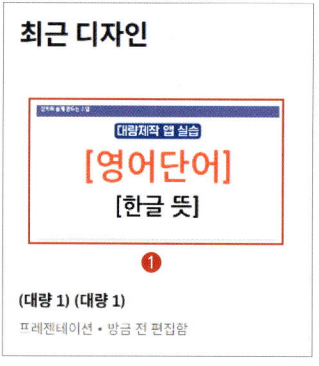

▲ 대량제작된 템플릿

10 Ⓐ10개의 슬라이드에 각각의 영어 단어와 한글 뜻이 생성되었습니다.

▲ 10개의 슬라이드로 제작 완료된 템플릿

이 자체로도 훌륭한 수업 자료이지만 배경음악을 추가로 넣은 영상으로 만들어 자동으로 슬라이드가 넘어가도록 제작해보겠습니다.

01 ❶[길이]를 클릭하여 영상 편집으로 템플릿 편집 창을 변환합니다. 슬라이드의 길이를 늘리고 줄여 슬라이드가 넘어가는 시간을 조정할 수 있습니다.

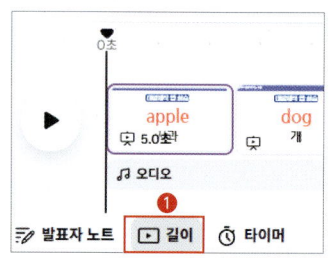

▲ 길이를 눌러 영상 편집으로 변환

02 ❶[요소]를 클릭 후 오디오 탭에서 ❷[happy]를 검색해보겠습니다. 첫 번째 ❸ [Happy 음원]을 클릭하여 템플릿에 삽입합니다.

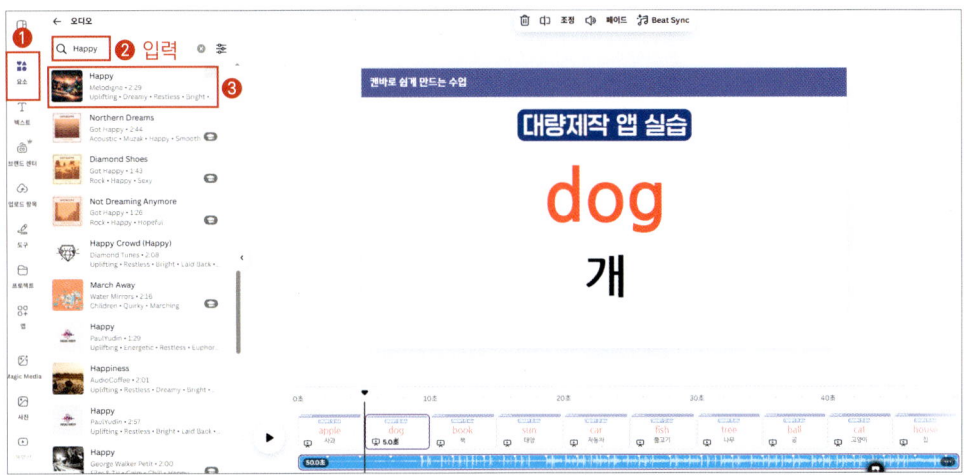

▲ 오디오 삽입

03 각 페이지 사이에 마우스를 가져가면 전환을 추가할 수 있습니다. ❶[전환 아이콘] 을 클릭합니다. 좌측 메뉴에서 ❷[흐름]을 선택하겠습니다. ❸[모든 페이지에 적용]을 클릭합니다.

▲ 전환 효과 추가

6장 캔바, 그 이상의 캔바

04 ❶[공유], ❷[다운로드]를 클릭하여 MP4 형식으로 다운로드 받으면 음악과 함께 자동으로 넘어가는 영어 단어 카드 수업 자료가 완성됩니다.

▲ 제작된 자료 다운로드

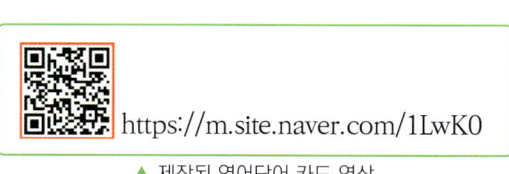

▲ 제작된 영어단어 카드 영상

6-3 Suno AI와 만난 캔바 (독립운동가를 위한 뮤직비디오)

AI 음악 생성 도구인 Suno와 캔바가 만난다면 어떨까요? Suno AI를 통해 만든 노래를 활용하여 독립운동가를 기리는 뮤직비디오를 제작해보는 프로젝트 수업을 진행했습니다. 학생들이 만든 가사를 활용하여 교사가 음악을 만들고, 음악에 어울리는 이미지, 영상, 자막 등을 캔바에서 시각적으로 구성하면서 음악과 영상이 어우러진 뮤직비디오를 직접 완성하게 됩니다. 특히 '독립운동가'라는 주제를 중심으로, 역사적 인물에 대한 깊은 이해와 공감을 불러일으켰습니다. 그럼 함께 따라해볼까요?

▲ 독립운동가를 위한 뮤직비디오

https://m.site.naver.com/1LwLz

▲ 독립운동가를 위한 뮤직비디오 완성 파일

01 수노 사이트에 접속 후 ❶[Sign Up]을 클릭하여 회원가입을 진행합니다.

- https://suno.com/home

▲ Suno AI 접속

안쌤의 꿀팁 Suno AI는 공식적으로 13세 이상 사용자만 이용할 수 있도록 되어 있습니다. 초등학교에서 사용할 경우 학생들이 만든 가사를 모아 교사가 음원을 생성하여 사용하는 것을 추천드립니다.

02 좌측 메뉴 탭에서 ❶[Creat]를 클릭 후 ❷[custom]을 클릭합니다. Lyrics에 학생들이 제작한 ❸[가사]를 입력합니다. 노래의 분위기를 결정할 ❹[Style]을 입력한 후 ❺[Creat]를 클릭합니다.

안쌤의 꿀팁 Suno에서 만든 노래가 마음에 들지 않을 경우, 노래 스타일을 수정하거나 프롬프트를 다듬어 다시 생성해보세요.

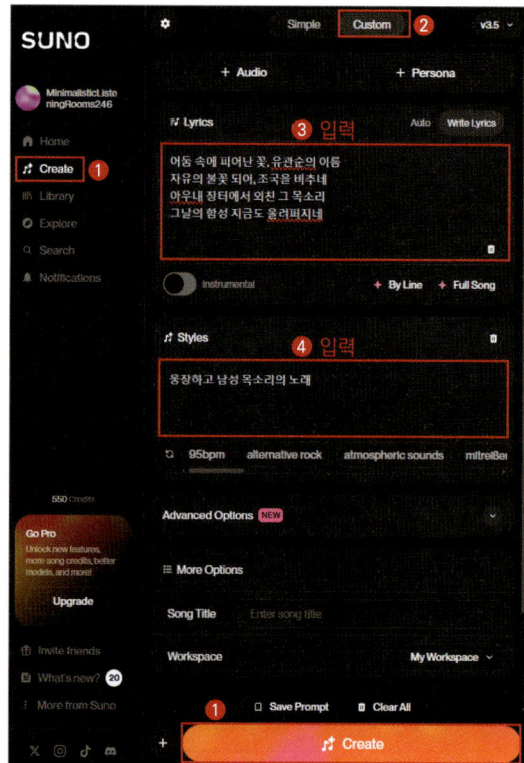

▲ Suno AI 접속

03 노래가 생성되었다면 음원 옆 ❶[:]를 클릭 후 ❷[Download],❸[MP3 Audio]를 클릭합니다. 다운로드가 완료되면 캔바로 이동하여 작업을 진행합니다.

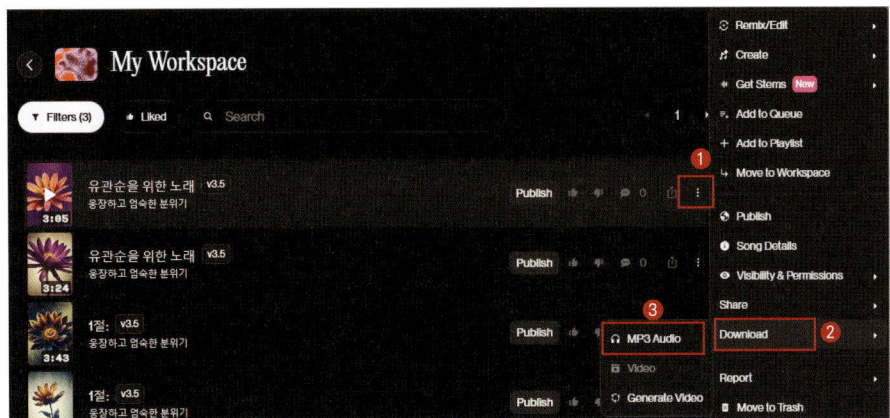

▲ 음원 다운로드

04 프레젠테이션 템플릿을 활용하겠습니다. 뮤직비디오 제작에 참여할 학생 수 만큼 ❶[+]를 클릭하여 슬라이드를 생성합니다.

▲ 슬라이드 추가

05 1페이지부터 가사를 댓글에 입력합니다. ❶[1페이지 전체]를 클릭합니다. ❷[댓글]을 클릭 후 1페이지를 제작할 ❸[학생이 맡을 가사]를 입력하고 ❹[댓글 제출하기]를 클릭합니다. ❺반복하여 모든 슬라이드에 댓글을 입력합니다.

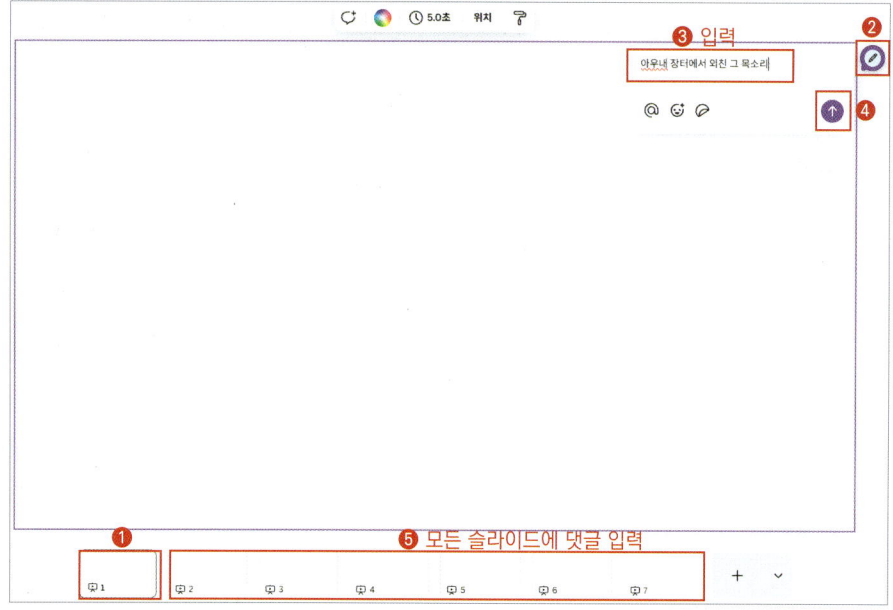

▲ 제작할 페이지에 가사 입력

06 뮤직비디오 협업을 위해 협업링크를 제작하여 학생에게 공유합니다. ❶[공유]를 클릭 후 ❷[엑세스 수준을 링크가 있는 모든 사용자, 편집 가능]으로 바꿔주세요. ❸[링크 복사]를 클릭하여 링크를 복사합니다. 복사된 링크는 학생들에게 전달하여 협업을 시작합니다.

▲ 협업 링크 제작

07 학생들이 접속하면 댓글을 확인합니다. 댓글에 교사가 미리 적어 둔 가사를 확인 후 텍스트, 요소, 이미지, 페이지 애니메이션, 전환효과 등을 활용하여 가사에 어울리는 슬라이드를 제작합니다.

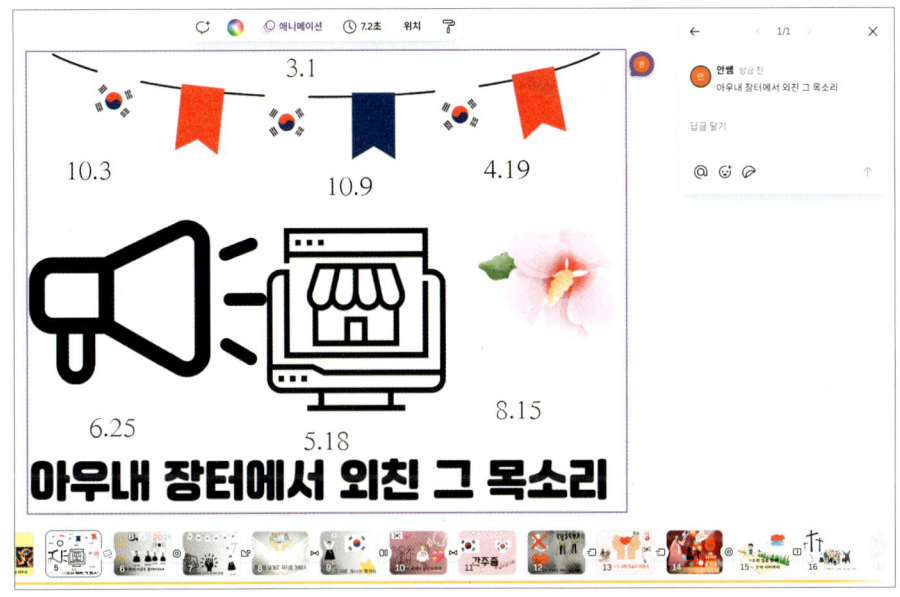

▲ 자신이 맡은 슬라이드 제작

08 모든 학생들의 작업이 마무리 되면 ❶[업로드 항목], ❷[오디오], ❸[파일 업로드]를 클릭하여 Suno AI로 제작한 음원을 업로드합니다.

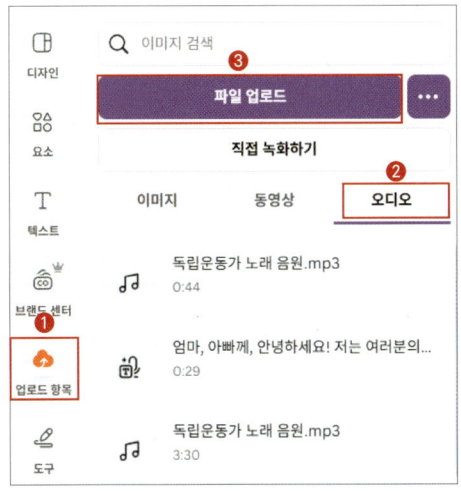

▲ 음원 업로드

09 업로드된 ❶[독립운동가 노래 음원]을 클릭하여 템플릿에 삽입합니다.

▲ 음원 템플릿에 삽입

> **안쌤의 수업 활용 노하우** ▶ 음원 페이드 인/아웃 기능 활용하기
>
> 음원이 자연스럽게 시작하고 마무리되는 느낌을 주고 싶다면 '페이드 인(Fade In)'과 '페이드 아웃(Fade Out)' 기능을 활용해보세요. 음원의 시작과 끝을 점점 부드럽게 작아지거나 커지게 조절하는 기능으로, 캔바에서는 템플릿에 삽입된 음원 위에 마우스를 올린 뒤 오른쪽 클릭한 후 [페이드] 메뉴에서 설정할 수 있습니다. 간단한 조작만으로도 영상의 완성도와 몰입감이 훨씬 높아진답니다!

10 ❶[길이]를 클릭하여 영상 편집으로 변환합니다. ❷[재생 버튼]을 클릭하여 음원을 들어보며 ❸슬라이드를 늘리거나 줄이며 싱크를 맞춰주세요. 모든 편집이 완료되었다면 ❹[공유], ❺[다운로드]를 클릭하여 MP4 형식으로 다운로드 받아 활용해 활용합니다.

▲ 음원 편집

▲ MP4 형식으로 다운로드

안쌤의 꿀팁 '길이' 아이콘이 안보인다면?

[계정- 설정- 프로필- 하단 새로운 멀티트랙 동영상 편집기] 사용을 해제하면 길이 아이콘이 보이게 됩니다.

6-4 Heyzine Flipbooks 앱으로 우리 반 학급문집 eBook 제작하기

우리 반의 추억이 담긴 글, 그림, 사진을 한 권의 책으로 만들어보고 싶었던 적 있으신가요? 캔바로 만든 학급문집을 '진짜 책처럼 넘기며 읽을 수 있는 eBook 형태로 변환해주는 도구가 바로 'Heyzine Flipbooks'입니다. 'Heyzine Flipbooks'은 PDF 파일을 업로드하면 디지털 페이지 넘김 효과, 배경 음악, 링크, 애니메이션 등을 더해 마치 실제 책을 넘기듯 감각적인 전자책(eBook)으로 만들어주는 간편한 플랫폼입니다. 학생들이 직접 작성한 글, 그린 삽화, 활동 사진 등을 모아 캔바에서 문집을 제작하고 그 결과물을 PDF로 저장한 뒤 Heyzine에 업로드하면, 누구나 온라인으로 감상할 수 있는 학급문집이 완성됩니다.

함께 따라해 볼까요?

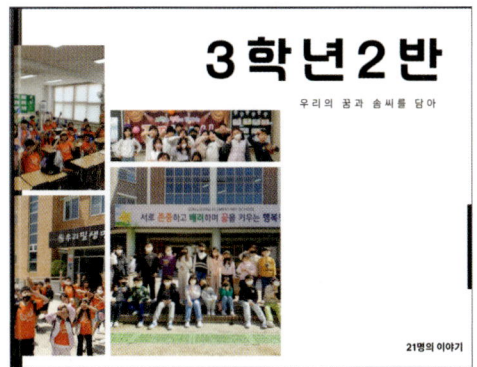 

▲ E북 제작 사례

 https://m.site.naver.com/1KbpE

▲ eBook 만들기 따라하기 템플릿

01 실습 따라하기 템플릿을 열어 준비합니다.

▲ 템플릿 준비

안쌤의 꿀팁 선생님들께서 제작한 학급문집, 수업 포트폴리오를 준비해서 따라해보셔도 좋습니다.

02 'Heyzine Flipbooks'은 캔바 앱 연동을 통해 사용할 수 있습니다. ❶[앱]을 클릭 후 앱 검색창에 ❷[Heyzine Flipbooks]을 검색합니다. 앱을 클릭하여 실행합니다.

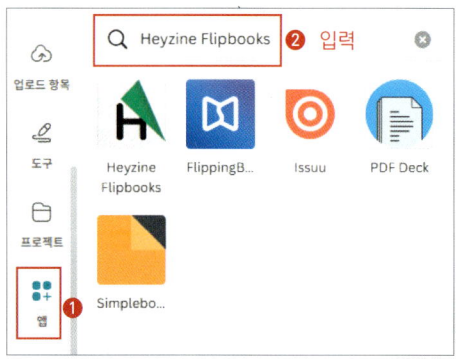

▲ Heyzine Flipbooks 연동

03 ❶[Heyzine Flipbooks]를 클릭 후 ❷[내보내기]를 클릭합니다.

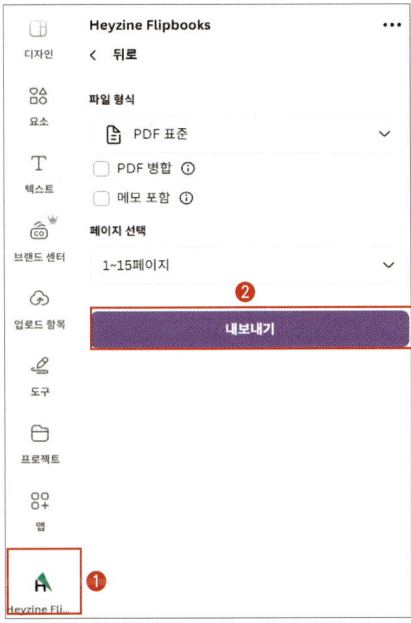

▲ 템플릿 내보내기

04 ⒶE북을 감상할 수 있는 링크가 생성됩니다. 추가 옵션을 설정하기 위해 ❶[Heyzine Flipbooks에서 맞춤 제작하기]를 클릭합니다.

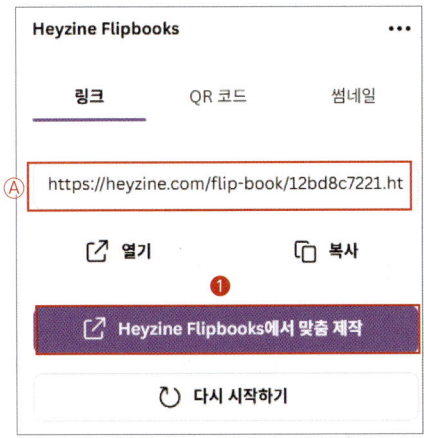

▲ Heyzine Flipbooks 접속

6장 캔바, 그 이상의 캔바

05 좌측 메뉴를 활용하여 E북을 편집할 수 있습니다. 가장 자주 사용되는 배경음악을 넣어보도록 하겠습니다. ❶[Background Audio]를 클릭합니다.

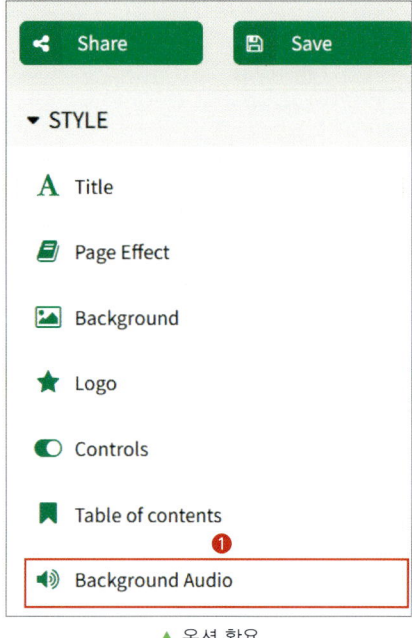

▲ 옵션 활용

06 ❶[Upload audio]를 클릭하여 원하는 배경음악을 업로드 합니다.

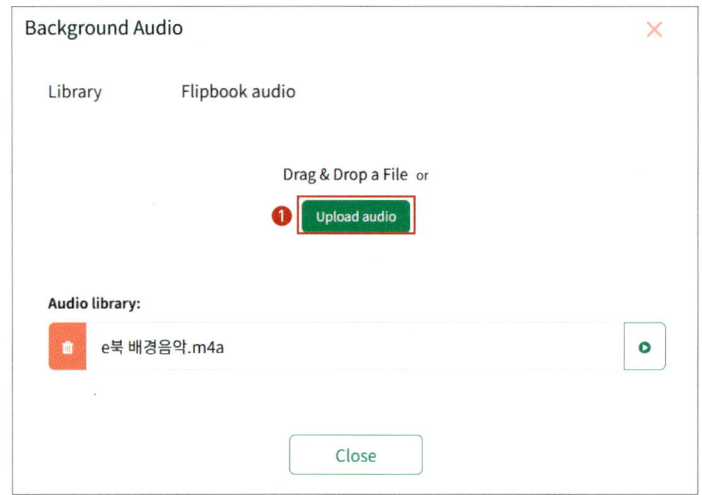

▲ 배경음악 업로드

07 ❶[Flipbook audio]를 클릭하여 오디오를 선택합니다. ❷[Add]를 클릭 후 ❸[close]를 클릭합니다.

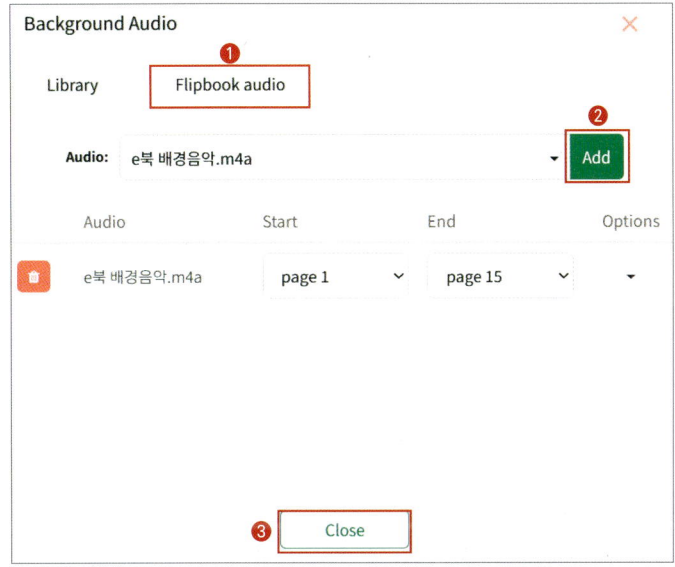

▲ 배경음악 설정

08 모든 E북 설정이 완료되었다면 좌측 상단 ❶[save], ❷[share]를 클릭합니다.

▲ 저장 후 공유

6장 캔바, 그 이상의 캔바 **229**

09 ❶링크 또는 ❶QR코드를 활용하여 공유할 수 있습니다.

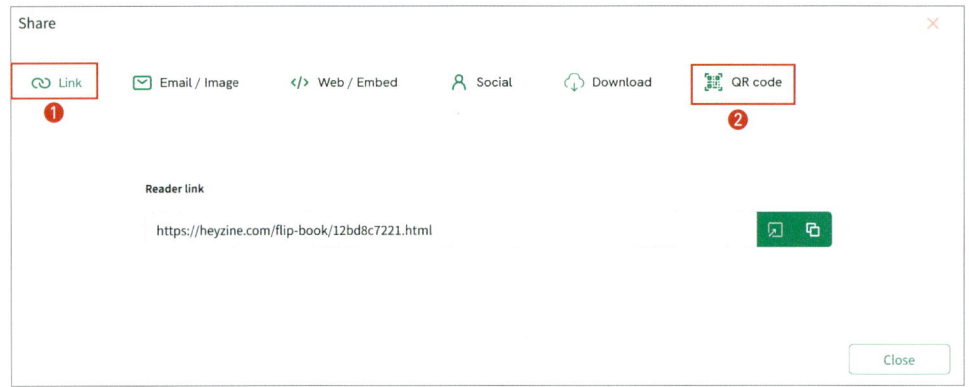

▲ E북 공유

제작된 E북을 감상해볼까요?

▲ 감상 QR

6-5 스프레드시트에 인공지능과 디자인을 더하다 '캔바 시트'

데이터를 정리할 때 복잡한 엑셀 표만 떠오르시나요? 이제는 기능과 디자인, 두 마리 토끼를 모두 잡을 수 있는 새로운 도구가 있습니다. 바로 '캔바 시트(Canva Sheets)'입니다.

캔바 시트는 우리가 익숙한 스프레드시트 기능에 캔바만의 감각적인 디자인을 더한 도구로, 표 정리는 물론 이미지 삽입, 색상 꾸미기, 차트 시각화까지 모두 가능하고, 이를 학생들과 함께 실시간으로 편집하고 의견을 나누며 협업할 수 있습니다. 특히 캔바 시트의 최신 기능인 다양한 AI 기능을 활용해 데이터 생성 및 요약을 할 수 있어 업무 속도가 굉장히 빨라지는 경험을 하실 수 있습니다. 그럼 지금부터, 캔바 시트만의 특징을 알아볼까요?

1. 캔바의 다양한 요소와 이미지를 추가하여 시각적으로 뛰어난 시트를 만들 수 있다

캔바 시트는 캔바의 강력한 디자인 기능을 그대로 활용할 수 있어, 표 안에도 다양한 요소와 이미지 및 차트를 손쉽게 삽입할 수 있습니다. 덕분에 단순한 데이터 표가 아닌, 시각적으로 완성도 높은 인포그래픽 형태로 표현할 수 있어 보는 이의 이해도와 집중도를 높일 수 있습니다.

▲ 캔바의 요소 또는 이미지를 활용한 시트

2. 데이터를 빠르고 효율적으로 정리할 수 있도록 다양한 AI 기능이 탑재되어 있다

캔바 시트에는 데이터 정리를 도와주는 다양한 AI 기능이 탑재되어 있어, 자동으로 표 생성하기, 빈 셀 채우기, 수식 생성 등 가능합니다. 특히 복잡한 데이터를 다룰 때 빠르고 정확한 결과를 얻는 데 매우 유용합니다.

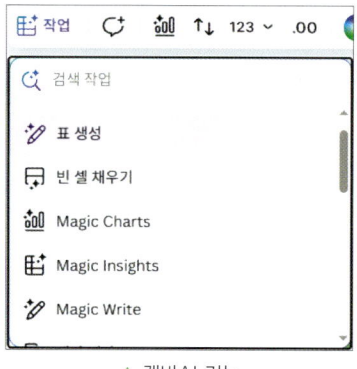

▲ 캔바AI 기능

3. 입력한 데이터를 기반으로 막대그래프, 원형 차트 등 다양한 차트를 간편하게 구현할 수 있다

입력한 데이터를 바탕으로 막대그래프, 원형그래프 등 다양한 형태의 차트를 몇 번의 클릭만으로 만들 수 있습니다. 복잡한 수식 없이도 시각적인 자료가 자동으로 완성되기 때문에 수업 자료나 프로젝트 발표에 효과적으로 활용할 수 있습니다. 특히 매직 차트를 활용하면 데이터에 맞는 차트를 추천해주기 때문에 초보자도 쉽게 차트를 제작할 수 있습니다.

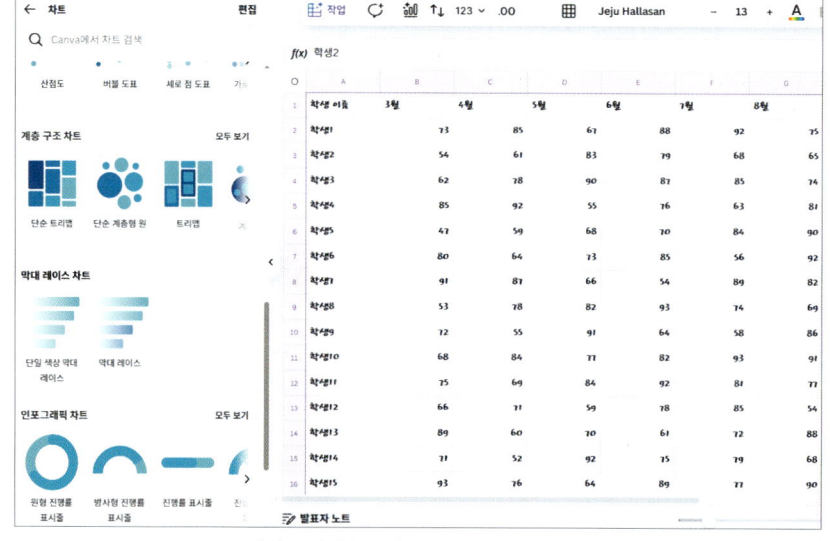

▲ 데이트 기반으로 쉽고 빠르게 차트 제작 가능

4. 다양한 캔바 시트 템플릿 자료를 바로 활용할 수 있다

캔바 시트에는 이미 제작되어 바로 활용할 수 있는 수십 가지의 템플릿들이 존재합니다. 클릭 한 번으로 내가 제작하고자 하는 주제와 비슷한 템플릿을 선정해 수정하여 사용할 수 있어 업무의 효율성을 높일 수 있습니다.

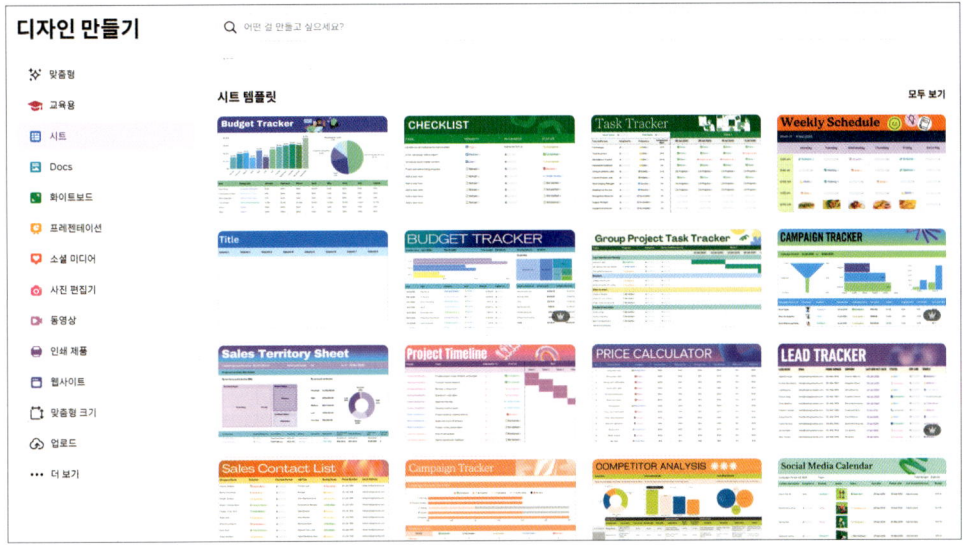

▲ 캔바에서 사용할 수 있는 캔바 시트 템플릿 자료

캔바 시트 기초 기능 익히기

캔바 시트의 특징을 잘 살펴보셨나요? 그럼 지금부터 실습 따라하기의 '수행평가 진행 상황 확인 템플릿'을 함께 만들며 캔바 시트의 기초 기능을 익혀보도록 하겠습니다.

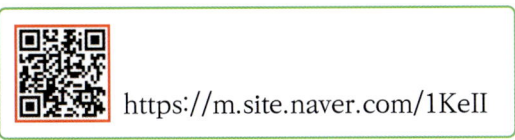

▲ 수행평가 진행 상황 실습 따라하기

01 수행평가 진행 상황 실습 템플릿을 열어 준비해주세요.

▲ 실습 템플릿 준비

02 '상태' 열에 드롭다운 기능을 활용하여 과제 진행 상태를 학생들이 체크해 보겠습니다. ❶[작업], ❷[드롭다운]을 클릭합니다.

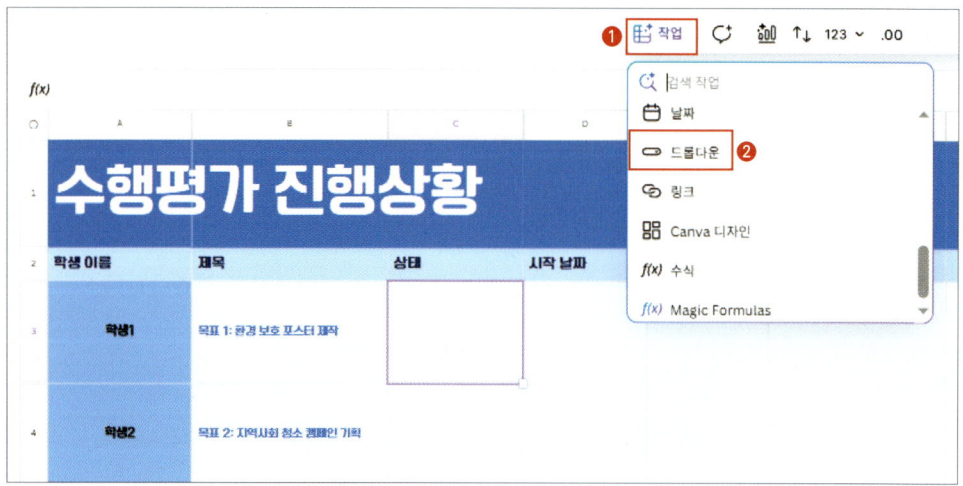

▲ 드롭다운

03 ❶[상태]를 클릭합니다.

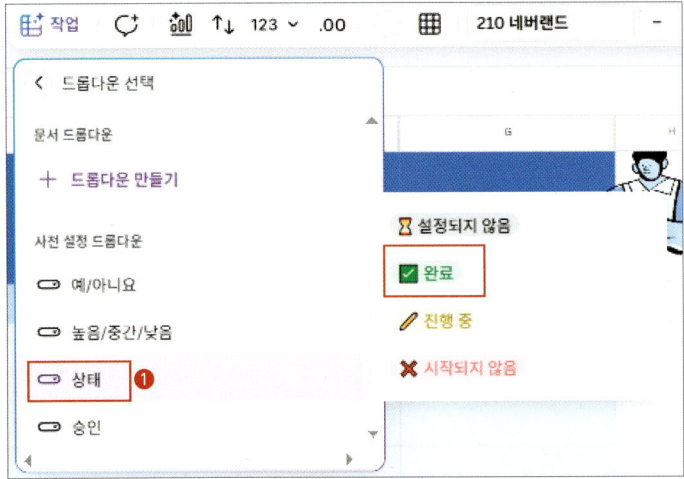
▲ 상태 드롭다운 선택

안쌤의 꿀팁 확인 여부, 승인 여부 등의 기본적인 드롭다운이 제공되지만 '드롭다운 만들기'로 내가 원하는 옵션을 제작할 수 있습니다.

04 드롭다운이 생성되었습니다. 셀의 ❶[우측하단 네모]를 드래그하여 드롭다운을 복사해주세요.

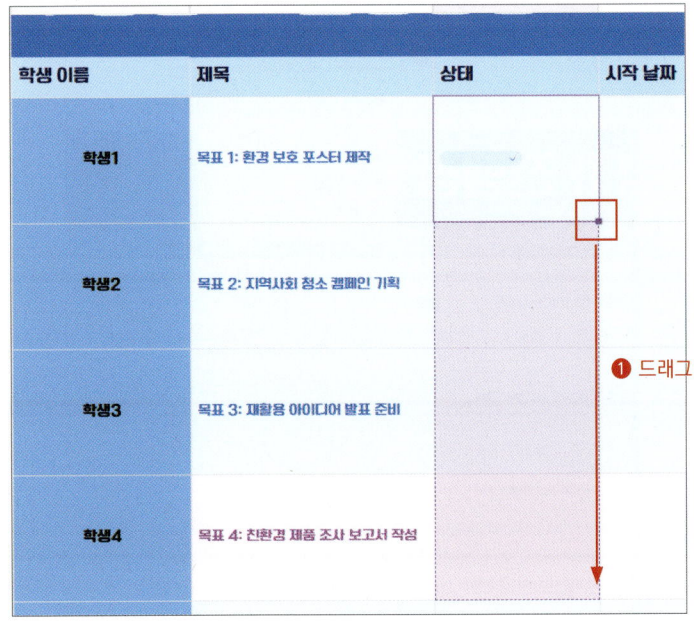
▲ 드롭다운 복사

6장 캔바, 그 이상의 캔바

05 드롭다운이 복사되었습니다. ❶[드롭다운]을 클릭하여 수행평가 ❷[진행 상태]를 표시할 수 있습니다.

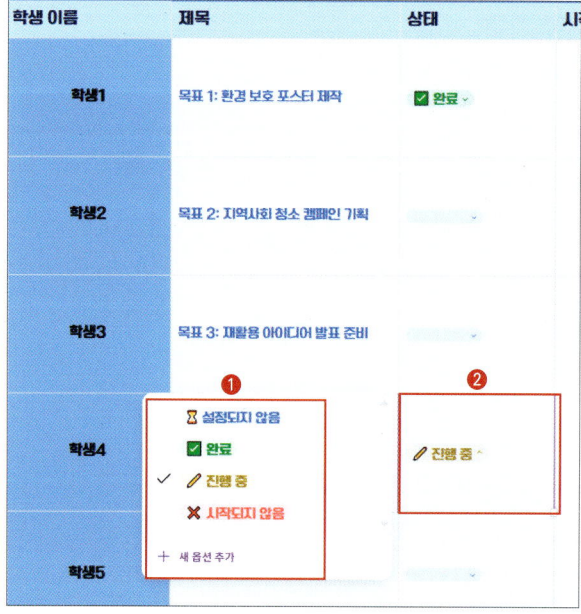

▲ 드롭다운 체크

06 수행평가의 시작 날짜를 입력해보겠습니다. ❶[작업], ❷[날짜]를 클릭합니다.

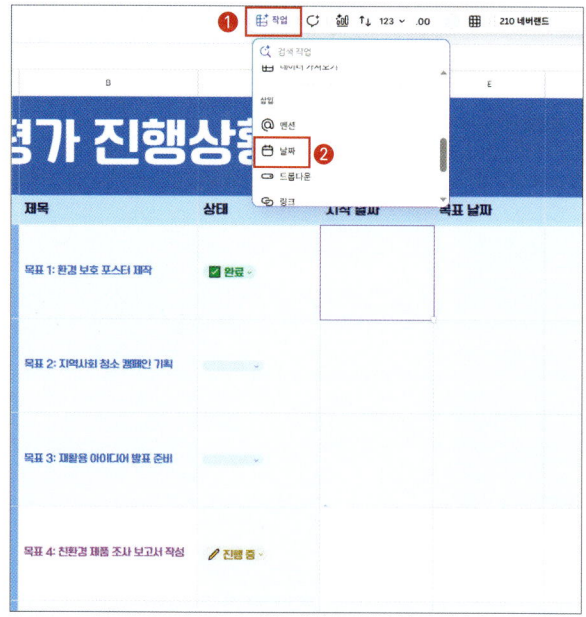

▲ 날짜 선택

07 날짜 드롭다운이 생성되었습니다. ❶[날짜 드롭다운]을 클릭하여 시작 날짜를 선택할 수 있습니다. 마찬가지로 ❷[셀의 우측 하단 네모]를 드래그하여 하단 셀까지 복사하여 사용할 수 있습니다.

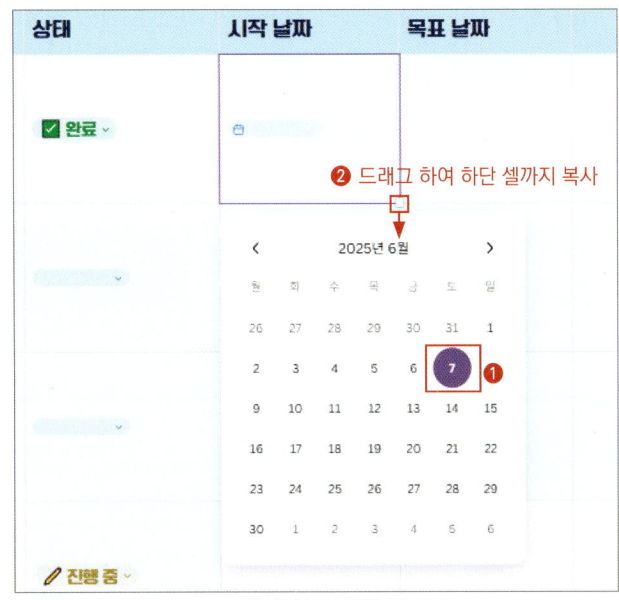

▲ 생성된 날짜 드롭다운

08 캔바 시트는 다양한 요소, 이미지를 삽입할 수 있습니다. 학생들의 수행평가 완료 사진을 첨부해보도록 하겠습니다. ❶[업로드 항목]을 클릭합니다. 학생들이 ❷[업로드한 사진]을 클릭하면, 템플릿에 이미지가 첨부된 것을 확인할 수 있습니다.

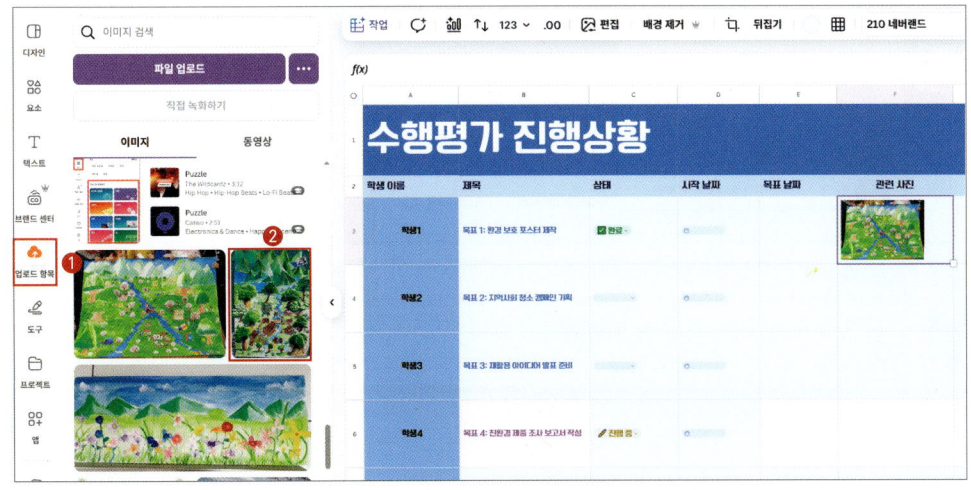

▲ 템플릿에 이미지 첨부하기

[안쌤의 꿀팁] 업로드 항목의 자료 뿐만 아니라 요소의 사진, 그래픽 이미지를 활용하여 시트를 꾸밀 수 있습니다.

6장 캔바, 그 이상의 캔바

09 학생들이 제작한 캔바 템플릿의 링크를 삽입할 수 있습니다. ❶[작업], ❷[Canva 디자인]을 클릭합니다.

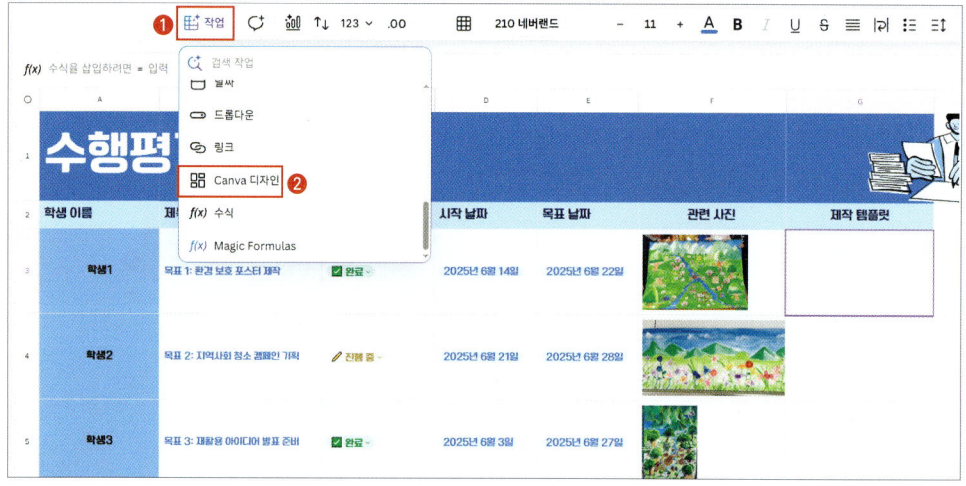

▲ Canva 디자인 링크 삽입

10 ❶제작한 과제의 템플릿을 선택합니다.

▲ 제작한 템플릿 선택

11 Ⓐ학생이 제작한 템플릿의 링크가 첨부된 것을 확인할 수 있습니다.

▲ 첨부된 캔바 템플릿 링크

[안쌤의 꿀팁] 학생들이 직접 캔바 시트로 접속하여 자신의 과제를 올린다면 교사는 쉽게 과제를 수합할 수 있겠죠? 우측 상단 공유 아이콘을 클릭하여 시트를 학생들에게 공유해주세요!

12 시트 고정을 활용하여 가독성을 높여보겠습니다. 2행을 ❶[마우스 오른쪽] 클릭합니다. ❷[고정]을 클릭합니다.

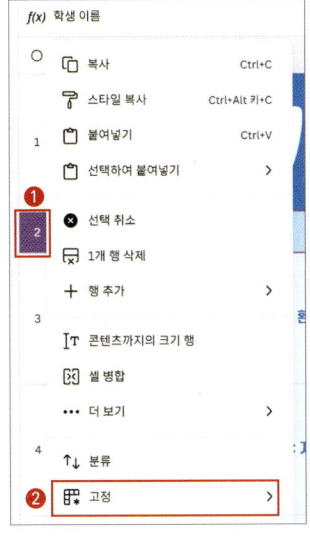

▲ 행 고정

13 고정 기능을 활용한 후 하단으로 드래그하여도 2행은 고정된 상태로 시트가 움직이게 됩니다. 제목과 각 행의 필드명이 움직이지 않고 고정되기 때문에 하단으로 드래그하여도 자료 파악에 유용합니다.

▲ 고정 기능으로 편하게 데이터 확인 가능

14 멘션 기능을 통해 현재 시트를 공유할 수 있습니다. ❶[작업], ❷[멘션]을 클릭합니다.

▲ 멘션 기능

15 멘션 기능을 보낼 사용자를 선택해주세요.

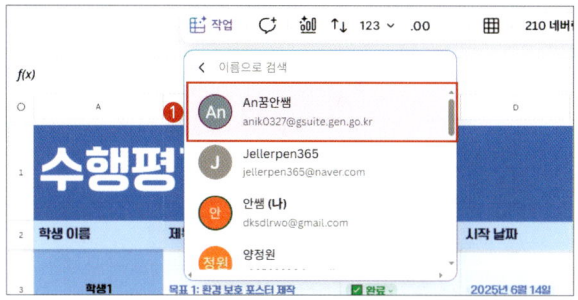

▲ 사용자 선택

16 첨부된 ❶[사용자 아이디]를 클릭 후 ❷[이 디자인 공유]를 클릭합니다.

▲ 디자인 공유하기

17 공유 범위를 설정합니다. 편집 가능으로 선택 후 ❶[공유]를 클릭합니다.

▲ 공유

6장 캔바, 그 이상의 캔바

18 ❶[알림전송하기]를 클릭합니다. 해당 사용자에게 알림이 전송됩니다. 알림을 확인하면 해당 시트로 접속되게 됩니다. 멘션 기능을 활용하면 링크 공유를 하지 않아도 해당 사용자를 시트로 초대할 수 있습니다.

19 완성된 학생 수행평가 진행 상황 템플릿입니다.

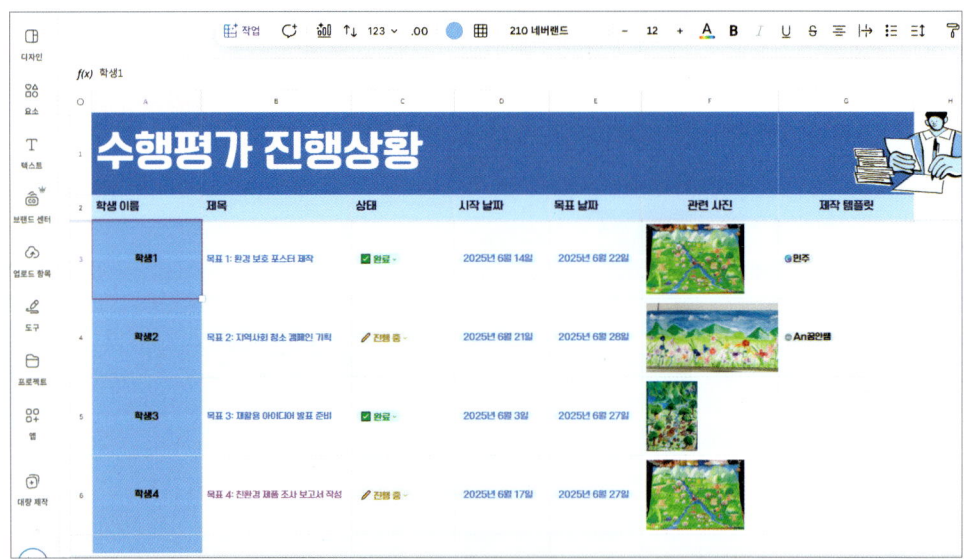

▲ 완성된 템플릿

캔바 시트의 기본 기능을 잘 따라해 보셨나요? 그럼 지금부터 캔바 시트의 핵심 AI기능을 중심으로 실습을 진행해보도록 하겠습니다.

자동으로 데이터 입력하기 '표 생성'

캔바 시트에는 자동으로 데이터를 입력해주는 '표 생성' 기능이 있습니다. '표 생성' 기능을 활용하여 시트 안에 데이트를 입력해보겠습니다.

01 캔바 홈 화면에서 ❶[시트]를 클릭합니다.

▲ 캔바 시트

02 ❶[작업], ❷[표 생성]을 클릭합니다.

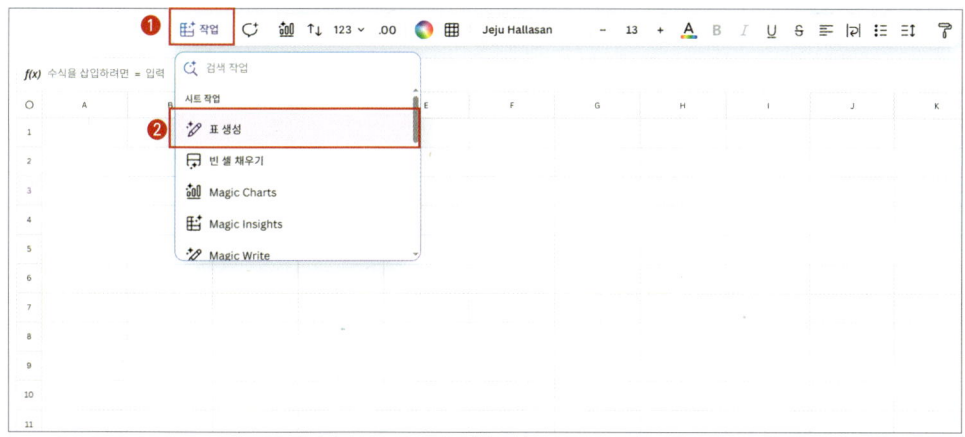

▲ 표 생성 기능

6장 캔바, 그 이상의 캔바

03 ❶데이터를 생성할 프롬프트를 입력하고 ❷[생성하기]를 클릭합니다.

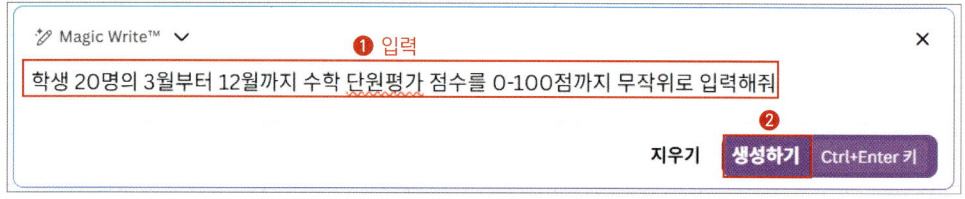

▲ 프롬프트 작성

안쌤의 꿀팁 작성하고 싶은 시트를 설명하는 프롬프트를 입력하면 AI가 표를 자동으로 생성해줍니다. 수업 또는 업무에 활용할 데이터를 설명하는 프롬프트를 입력해서 사용해보세요.

04 원하는 데이터가 생성되었다면 ❶[삽입]을 클릭합니다.

안쌤의 꿀팁 Ⓐ'비슷한 버전'을 사용하면 현재 데이터와는 다른 버전의 데이터를 재생성해주고, Ⓑ'이대로도 좋지만'을 사용하면 추가적인 프롬프트를 입력하여 다시 생성할 수 있습니다.

▲ 데이터 삽입

05 데이터가 시트에 입력된 것을 확인할 수 있습니다.

▲ 시트에 데이터 입력 완료

내가 원하는 데이터를 자동으로 채워주는 '빈 셀 채우기'

기존 데이터의 맥락을 인식하여 자동으로 빈 셀의 내용을 채워주는 기능이 있다면 정말 편리하겠죠? 지금부터 '빈 셀 채우기' 기능을 알아보겠습니다.

01 '표 생성' 학생 점수 데이터 옆에 ❶[간단한 표]를 제작합니다. 제작된 표를 드래그한 후 ❷[작업], ❸[빈 셀 채우기]를 클릭합니다.

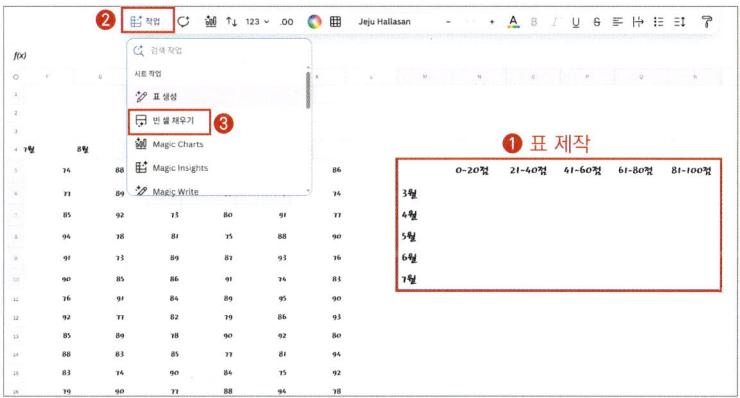

▲ 빈 셀 채우기

안쌤의 꿀팁 '빈 셀 채우기' 기능을 사용할 때 [Ctrl]+마우스 휠을 드래그하여 분석할 데이터 전체가 보이도록 해주세요. 전체 데이터가 보이지 않으면 작성되는 데이터에 오류가 생길 수 있습니다.

02 ❶[삽입]을 클릭합니다.

▲ 데이터 삽입

6장 캔바, 그 이상의 캔바

03 기존 데이터를 바탕으로 내가 원하는 표의 셀이 채워진 것을 확인할 수 있습니다.

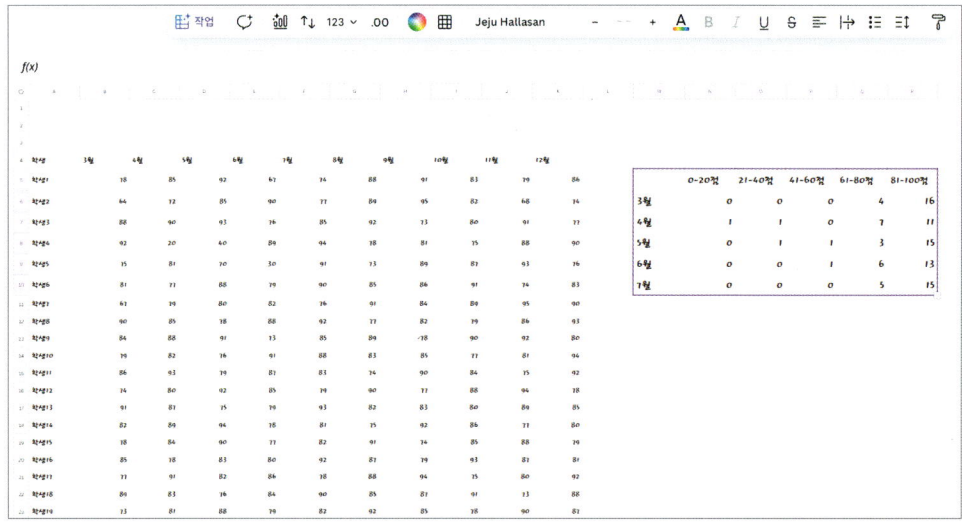

▲ 기존 데이터를 바탕으로 채워진 빈 셀

안쌤의 꿀팁 기존 데이터가 없어도 사용할 수 있어요. 내가 채워야하는 셀의 일부분을 입력한 후 빈 셀 채우기를 클릭해 보세요. 내가 채워놓은 셀의 맥락을 분석하여 자동으로 셀 채우기를 추천해줍니다.

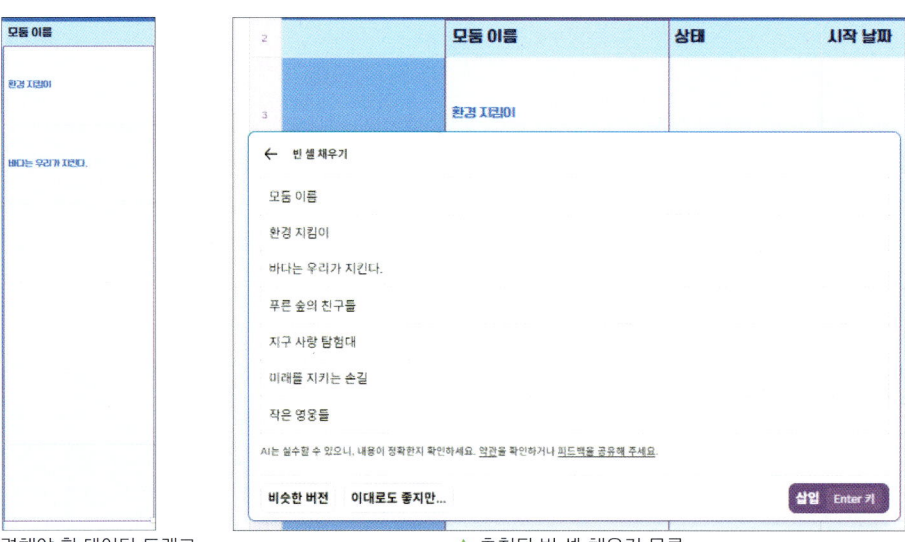

▲ 입력해야 할 데이터 드래그 후 빈 셀 채우기 클릭   ▲ 추천된 빈 셀 채우기 목록

쉽고 빠르게 데이터를 차트로 바꿔주는 'Magic Charts'

매직 차트를 활용하면 쉽고 빠르게 내 데이터에 맞는 차트를 제작할 수 있습니다.

01 ❶차트를 생성할 데이터를 드래그 한 뒤 ❷[작업], ❸[Magic Charts]를 클릭합니다.

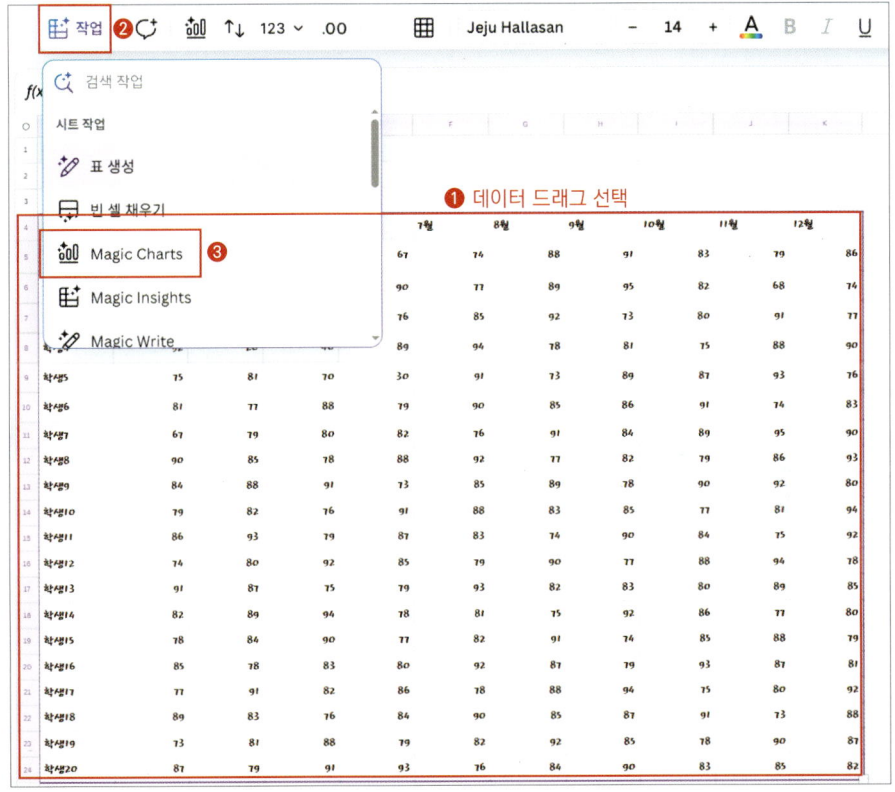

▲ Magic Charts

02 좌측 메뉴에 추천된 차트 메뉴에서 내가 원하는 차트를 확인합니다. 학생들의 월별 성적 변화를 확인하기 위해 ❶[모든 차트 보기]를 클릭 후 막대 레이스 차트를 선택해보겠습니다. 막대 레이스 차트는 기간동안의 그래프의 변화를 영상으로 보여주는 역동적인 차트입니다.

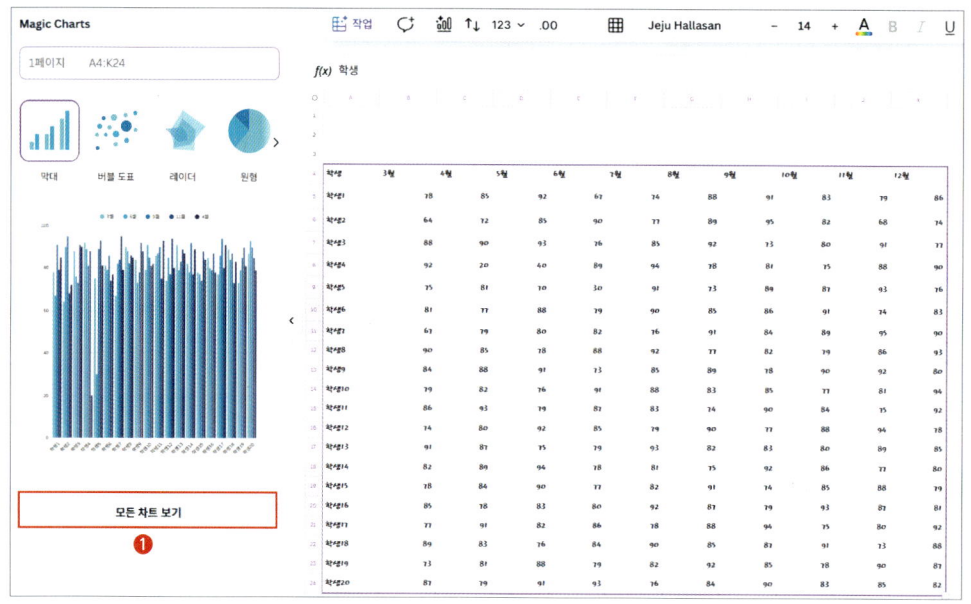

▲ 원하는 차트 선택

안쌤의 꿀팁 여러 차트를 클릭해보며 데이터를 가장 효과적으로 표현해주는 차트를 찾아보세요.

03 막대 레이스 차트의 ❶[재생]을 클릭하면 학생들의 성적변화를 영상으로 볼 수 있습니다. 막대 레이스 차트의 가장 핵심인 속도를 조절해보겠습니다. ❷[편집], ❸[맞춤설정], ❹[차트 재생 속도]에서 속도를 조절할 수 있습니다.

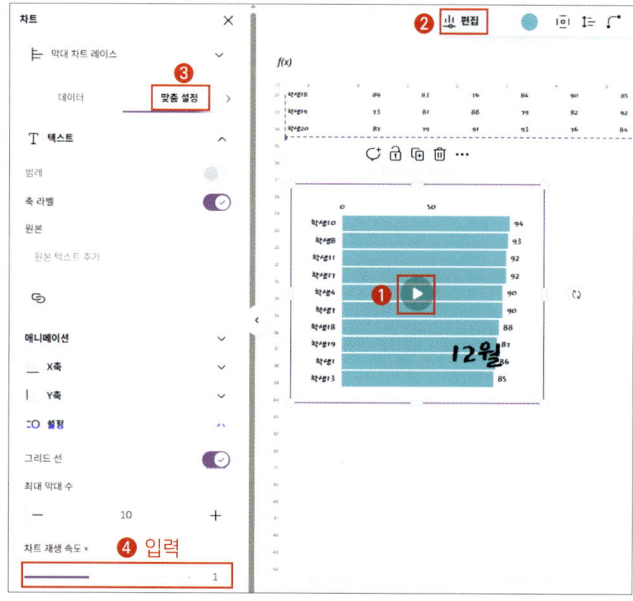

▲ 막대 레이스 차트

내 데이터를 클릭 한 번으로 요약해주는 'Magic Insights'

그동안 내 데이터를 하나하나 분석하느라 고생하셨나요? 클릭 한 번으로 내 데이터를 요약하고 원하는 정보를 찾을 수 있습니다.

01 데이터를 입력한 후 ❶[작업], ❷[Magic Insights]를 클릭합니다.

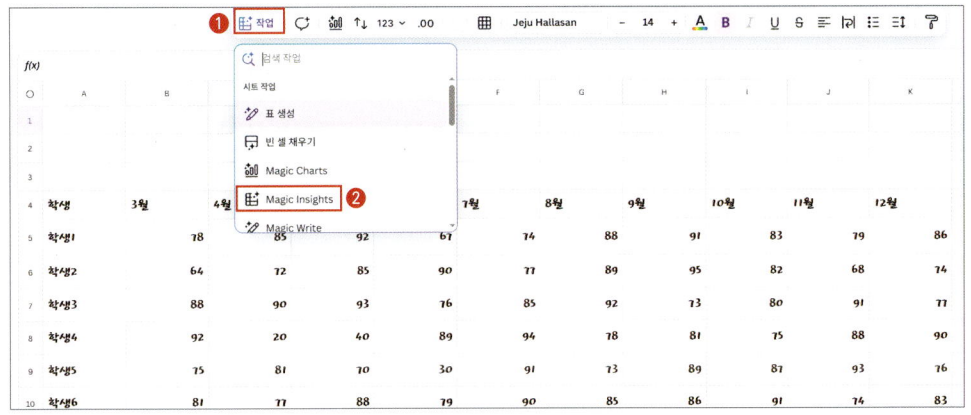

▲ Magic Insights

02 데이터에서 알고 싶은 질문을 입력할 수 있는 창이 생성됩니다. 분석하고 싶은 데이터를 드래그 한 후 가장 간단하게 사용할 수 있는 ❶[내 데이터 요약]을 클릭해보겠습니다.

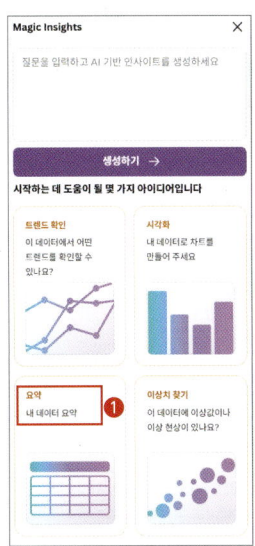

▲ Magic Insights

> **안쌤의 꿀팁** 내 데이터에서 알고 싶은 특정 정보, 이상값, 평균값 등 내가 알고 싶은 내용을 입력하여 생성해보세요.

6장 캔바, 그 이상의 캔바

03 내 데이터에 대한 요약 정보가 생성된 것을 확인할 수 있습니다. 추가적으로 원하는 정보가 있다면 다시 검색하여 사용해보세요.

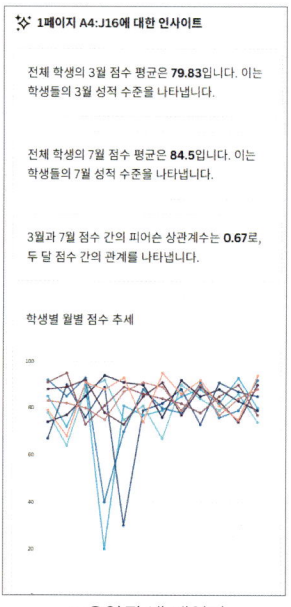

▲ 요약된 내 데이터

복잡한 수식 이제 그만! 설명으로 쉽게 수식을 생성하는 'Magic Fomulas'

엑셀이나 스프레드시트를 하면서 우리를 가장 힘들게 했던 수식입력 쉽게 할 수 없을까요? 캔바 Magic Fomulas를 활용해보세요. 내가 원하는 수식을 글로 입력하면 자동으로 수식을 찾아줍니다. 함께 따라해볼까요?

01 수식을 생성하고 싶은 곳의 ❶셀을 선택한 후 ❷[작업], ❸[Magic Fomulas]를 클릭합니다.

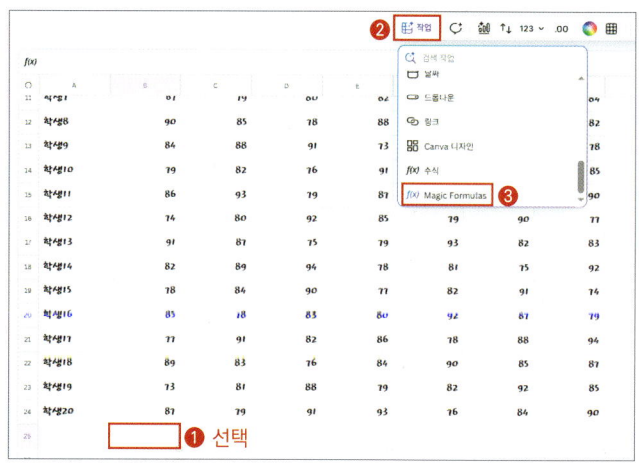

▲ Magic Fomulas

02 ❶내가 원하는 수식을 글로 설명합니다. ❷[제출하기]를 클릭합니다.

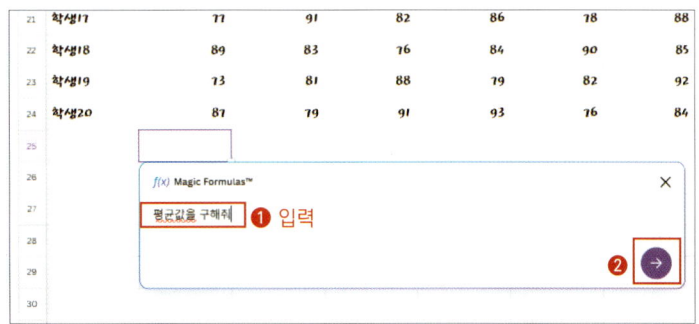

▲ 수식을 글로 설명

03 평균값이 입력된 것을 확인할 수 있습니다. ❶셀의 우측 하단 네모를 클릭하며 옆으로 드래그를 하면 각 열의 평균값을 확인할 수 있습니다. 드래그 한 후 결과를 확인해보겠습니다.

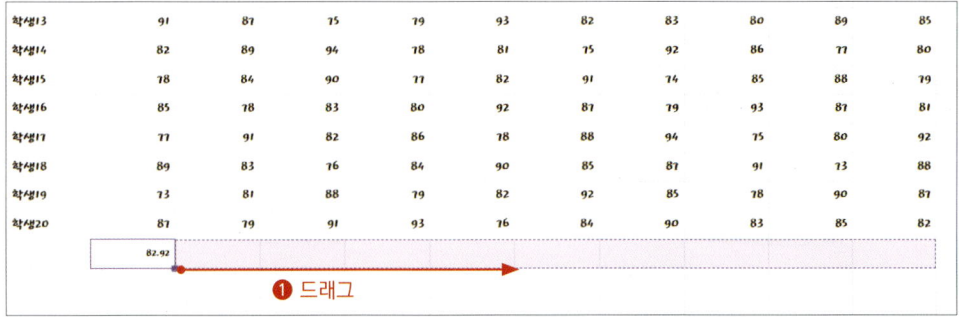

▲ 입력된 평균값

학생16	85	78	83	80	92	87	79	93	87	81
학생17	77	91	82	86	78	88	94	75	80	92
학생18	89	83	76	84	90	85	87	91	73	88
학생19	73	81	88	79	82	92	85	78	90	87
학생20	87	79	91	93	76	84	90	83	85	82
	82.92	83.1333333333	83.5	80.8137931034	77.9	73.4	67.73	60.5642108882	53.4153846153846	39.7111111111

▲ 각 열에 대한 평균값

> **안쌤의 꿀팁** 평균값 이외에도 최대값, 최소값, 중앙값, 최빈값 등 자주 쓰지 않아 헷갈리는 수식들을 글로 설명하여 제작할 수 있습니다.

교사를 위한 추천 도서

교사를 위한
패들렛

197쪽 | 16,800원 | 안익재 저 | 풀컬러

대전환시대 교육의 본질을 탐하다
대한민국 교육 르네상스

344쪽 | 20,000원 | 지미정 외 공저 | 풀컬러

교사를 위한 스프레드시트 활용 가이드
구글 시트로 스마트한 학교 만들기

400쪽 | 24,400원 | 지미정 외 공저 | 풀컬러

교실에서 바로 쓰는
퀴즈 평가 플랫폼

312쪽 | 18,800원 | 박정수, 전병호 공저 | 풀컬러

요즘 유치원 교사를 위한
에듀테크 활용법

212쪽 | 16,800원 | 전서아 외 공저 | 풀컬러

2022 개정 교육과정
평가, AI로 날개를 달다

353쪽 | 21,000원 | 지미정 외 공저 | 풀컬러

교사를 위한 추천 도서

선생님을 위한
노션
실전기초/수업활용/학생관리/업무관리/업무자동화/노션AI
318쪽 | 21,800원 | 임세범 저 | 풀컬러

그리와 로미의
구글탐험대
학생들을 위한 Google • AI • 디지털 • 스마트교육 학습서
332쪽 | 22,000원 | 김학민 외 공저 | 풀컬러

교사를 위한 실무 한글
학교 업무 효율성 높이는 66제
257쪽 | 17,700원 | 한동규 저 | 풀컬러

요즘 선생님을 위한
챗GPT 업무 활용법
344쪽 | 18,800원 | 유수근 외 공저 | 풀컬러

"OECD 교육 2030" & "2022 개정 교육과정"
미래 교육 나침반
353쪽 | 17,700원 | 지미정 저 | 풀컬러

입상 교사만 아는 아무도 말해주지 않은
수업혁신사례연구대회 1등급의 비밀
352쪽 | 24,000원 | 임은빈 외 공저 | 풀컬러

교사를 위한 추천 도서

초등 개념기반 탐구수업
서술형평가 설계와 실천

356쪽 | 21,000원 | 진경오 저 | 풀컬러

선생님을 위한
교육용 AI 챗봇 활용법

352쪽 | 22,500원 | 임세범 외 공저 | 풀컬러

교실에서 바로 쓰는
챗GPT 교사 활용법

304쪽 | 19,800원 | 유수근 저 | 풀컬러

교실에서 바로 통하는 배움중심수업
에듀테크와 AI로 확! 잡자

196쪽 | 15,500원 | 유수근 저 | 풀컬러

누구도 소외되지 않는 모두를 위한 기초학습
에듀테크로 확! 잡는 기초학력

김현숙, 함명규, 최소윤, 유수근 공저
풀컬러 | 264쪽 | 18,000원

생성형 AI를 적용한 초등학교 에듀테크
챗GPT와 함께 만드는
초등 수업 디자인 ++

316쪽 | 16,500원 | 박준원 외 공저 | 풀컬러